Busse

Bundeskanzleramt und Bundesregierung

Volker Busse

Bundeskanzleramt und Bundesregierung

Aufgaben · Organisation · Arbeitsweise

Hüthig Verlag Heidelberg

Bildnachweis: Bildarchiv Preußischer Kulturbesitz, Berlin: S. 13; Stiftung Bundeskanzler-Adenauer-Haus: S. 24; Märkisches Museum, Berlin (Max Missmann, 1927): S. 28, Gästehaus Petersberg: S. 34; alle übrigen Abbildungen (soweit nicht als Selbstfertigung bezeichnet): Bundesbildstelle des Presse- und Informationsamtes der Bundesregierung bzw. Bundeskanzleramt, Bonn.

Die Deutsche Bibliothek – CIP-Einheitsaufnahme

Busse, Volker:
Bundeskanzleramt und Bundesregierung : Aufgaben, Organisation, Arbeitsweise / Volker Busse. – 3., überarb. Aufl. – Heidelberg : Hüthig, 2001
(Heidelberger Forum)
ISBN 3-8114-5017-4

Satz: Mitterweger & Partner Kommunikationsgesellschaft mbH, Plankstadt bei Heidelberg
Druck: Mocker Merkur Druck GmbH, Köln
ISBN 3-8114-5017-4

Vorwort von Bundeskanzler Gerhard Schröder

Wir Deutsche sind zu Recht stolz auf unsere stabile und erfolgreiche parlamentarische Demokratie. Im Unterschied zur Weimarer Republik, dem ersten demokratischen Staatswesen auf deutschem Boden, mit oft jährlichen Regierungswechseln, hat die Bundesrepublik Deutschland mit ihrem Verfassungssystem die Grundlagen dafür geschaffen, dass jede Bundesregierung zumindest mehrere Jahre kontinuierlich Politik gestalten, gleichwohl aber – wie im Jahre 1998 geschehen – demokratischer Wechsel durch Wahlen stattfinden konnte.

Wesentliche Elemente dieses Verfassungssystems sind die rechtlichen Regelungen, insbesondere des Grundgesetzes, zugleich aber die in deren Rahmen gewachsenen Strukturen der Verfassungsorgane des Bundes und das praktische Zusammenspiel zwischen ihnen. Eine besondere Bedeutung innerhalb der Bundesregierung kommt dem Bundeskanzleramt zu. Es hat wichtige Unterstützungsaufgaben für den Bundeskanzler und die Bundesregierung insgesamt. Zugleich trägt es Koordinierungsverantwortung für die Zusammenarbeit derer, die Politik gestalten – nicht nur auf der Ebene des Bundes, sondern auch im Verhältnis zu den Ländern.

Die nachfolgende Schrift geht von der Rechtsstellung des Bundeskanzlers aus und schildert Aufgaben, Organisation und Arbeitsweise des Bundeskanzleramtes. Zugleich befasst sie sich mit der Stellung des Amtes im Gefüge der Bundesregierung insgesamt. Informationen zu den Persönlichkeiten, die in der Regierungszentrale gearbeitet haben, und zu den Regierungsbauten einschließlich historischer Rückblicke ergänzen die Darstellung.

Der Autor ist langjähriger Mitarbeiter und deshalb Insider des Amtes. Dies bürgt für eine fundierte und aktuelle Schrift, die der Situation nach dem Regierungswechsel 1998 und nach dem Umzug von Bonn nach Berlin Rechnung trägt.

Möge dieses Buch zu einem anschaulichen Bild der Bundesregierung und insbesondere ihrer Regierungszentrale für die interessierte Öffentlichkeit beitragen.

Gerhard Schröder *Berlin, den 25. Januar 2001*

Inhaltsverzeichnis

Vorwort von Bundeskanzler Gerhard Schröder 5

1 Das Amt des Bundeskanzlers und das Bundeskanzleramt im geschichtlichen Überblick – Über das Reichskanzleramt zum Bundeskanzleramt 11

1.1 Die Stellung des Bundeskanzlers und des Reichskanzlers nach den Verfassungen des Norddeutschen Bundes und des Deutschen Reichs 11

1.1.1 Norddeutscher Bund 1867–1871 11

1.1.2 Deutsches Reich 1871–1918 13

1.1.3 Weimarer Republik 1919–1933 17

1.2 Die Reichskanzlei von 1933 bis 1945 20

1.2.1 Zusammenbruch der Weimarer Republik 20

1.2.2 Stellung der Reichskanzlei 21

1.3 Die Direktorialkanzlei Frankfurt 1948 bis 1949 21

1.4 Neubeginn unter dem Grundgesetz in Bonn 23

2 Der räumliche Sitz des Bundeskanzlers gestern und heute und der Sitz des Reichskanzlers im Rückblick 26

2.1 Wilhelmstraße in Berlin 26

2.2 Direktorialkanzlei in Frankfurt und neuer Regierungssitz in Bonn 29

2.3 Palais Schaumburg 30

2.4 Bundeskanzleramt in Bonn 31

2.4.1 Bau der Planungsgruppe Stieldorf 31

2.4.2 Kanzlerbungalow 33

2.4.3 Gästehaus Petersberg 34

2.5 Bundeskanzleramt in Berlin 35

2.5.1 Vorläufer und Zwischenlösungen 35

2.5.2 Der Neubau im Spreebogen 36

2.6	Ministeriumsgebäude früher in Bonn und nunmehr in Berlin	38
2.6.1	In Bonn	38
2.6.2	In Berlin	39
3	**Die rechtliche Stellung von Bundeskanzler und Bundesregierung sowie die Funktionen des Bundeskanzleramtes**	40
3.1	Stellung des Bundeskanzlers und der Bundesregierung nach dem Grundgesetz	40
3.1.1	Allgemeines	40
3.1.2	Zusammensetzung, Bildung und Auflösung der Bundesregierung	42
3.2	Der Bundeskanzler und die Organisation der Bundesregierung	44
3.2.1	Rechte des Bundeskanzlers	45
3.2.2	Organisationsprinzipien der Bundesregierung	50
3.3	Funktionen des Bundeskanzleramtes	53
3.3.1	Im Verhältnis zum Bundeskanzler	53
3.3.2	Im Verhältnis zum Kabinett	55
3.3.3	Im Verhältnis zu den Ressorts	55
3.3.4	Im Verhältnis zu Bundestag und Bundesrat	56
3.3.5	Im Verhältnis zum Bundesverfassungsgericht	62
3.3.6	Im sonstigen Außenverhältnis	63
3.4	Die Bundesministerien	65
3.4.1	Allgemeines	65
3.4.2	Zahl der Bundesministerien und Struktur der Bundesregierung zwischen 1949 und heute	67
3.4.3	Reformüberlegungen und wesentliche Veränderungen	68
3.4.4	Struktur nach Herstellung der deutschen Einheit 1990 und den Hauptstadt-Entscheidungen für Berlin	70
3.4.5	Beauftragte	72
3.5	Kabinettsitzungen	74

3.5.1 Bedeutung, Ablauf, Abstimmungsverhalten, Vertraulichkeit 74

3.5.2 Umlaufverfahren/TOP-1-Listen-Verfahren 82

3.5.3 Vorbereitung der Kabinettsitzungen 84

3.5.4 Nachbereitung der Kabinettsitzungen 88

3.6 Kabinettausschüsse und sonstige Koordinierungsgremien 89

3.6.1 Kabinettausschüsse 90

3.6.2 Staatssekretärsausschüsse 91

3.6.3 Sonstige Gremien und wiederkehrende Konferenzen 92

3.7 Zusammenarbeit zwischen Bundesregierung, Bundestag und Fraktionen 98

3.7.1 Allgemeines 98

3.7.2 Zusammenarbeit mit der die Bundesregierung tragenden Parlamentsmehrheit 100

3.7.3 Rechte und Pflichten der Bundesregierung gegenüber dem Bundestag 103

4 Organisation und Arbeitsweise des Bundeskanzleramtes im einzelnen 108

4.1 Überblick über die organisatorische Entwicklung des Bundeskanzleramtes seit 1949 108

4.2 Die anderen obersten Bundesbehörden im Geschäftsbereich des Bundeskanzlers 114

4.2.1 Das Presse- und Informationsamt der Bundesregierung 115

4.2.2 Der Beauftragte der Bundesregierung für Angelegenheiten der Kultur und der Medien 115

4.3 Organisation des Bundeskanzleramtes heute 116

4.3.1 Leitungsbereich 116

4.3.2 Sogenannte „Arbeitsebene“ 117

4.4 Aufgabenerledigung durch das Bundeskanzleramt und Arbeitsweise 120

4.4.1 Leitungsbereich 120

4.4.2 Koordinierung/Ressortbetreuung 123

4.4.3 Querschnittfunktionen 126

4.4.4 Kommunikation, Information, Öffentlichkeitsarbeit 127
4.4.5 Planung 128
4.4.6 Aufgabenerfüllung im Blick auf die Nachrichtendienste 129
4.4.7 Zentralverwaltung 131

5 Die bisherigen Bundeskanzler, die Chefs des Bundeskanzleramtes und die Parlamentarischen Staatssekretäre beim Bundeskanzler 133
5.1 Die bisherigen Bundeskanzler 133
5.2 Die bisherigen Chefs des Bundeskanzleramtes 148
5.3 Die bisherigen Parlamentarischen Staatssekretäre beim Bundeskanzler 150
5.4 Exkurs: Die Ehefrauen der Bundeskanzler 152

6 Anhang 154
6.1 Verfassungsrechtliche Regelungen 154
6.2 Geschäftsordnung der Bundesregierung und Rahmenregelungen für den Geschäftsablauf der Kabinettausschüsse der Bundesregierung 159
6.3 Die bisherigen Bundesregierungen der Bundesrepublik Deutschland 170
6.4 Die früheren Reichskanzler und die Leiter von Bundeskanzler-Amt, Reichskanzleramt und Reichskanzlei des Deutschen Reiches von 1871 bis 1918 und der Weimarer Republik 197

Abkürzungsverzeichnis 199

Literaturverzeichnis 200

Stichwortverzeichnis 203

1 Das Amt des Bundeskanzlers und das Bundeskanzleramt im geschichtlichen Überblick – Über das Reichskanzleramt zum Bundeskanzleramt –

Der Bundeskanzler leitet die Geschäfte der Bundesregierung. Zur Erfüllung seiner Aufgaben ist ihm das Bundeskanzleramt zugeordnet. Die Regelungen des Grundgesetzes über den Bundeskanzler und die Bundesregierung sind geschaffen worden vor dem Hintergrund geschichtlicher Erfahrungen in früheren deutschen Verfassungen. Ein Blick in diese Geschichte kann das Verständnis der heutigen Regelungen zum Bundeskanzler und zum Bundeskanzleramt erleichtern.

1.1 Die Stellung des Bundeskanzlers und des Reichskanzlers nach den Verfassungen des Norddeutschen Bundes und des Deutschen Reichs

1.1.1 Norddeutscher Bund 1867–1871

Stellung des Bundeskanzlers

Die erste deutsche Verfassung, die zum Amt eines Bundeskanzlers führte, war die des Norddeutschen Bundes vom 16. April 1867. Diese Verfassung wurde geschaffen, nachdem sich 1866 Preußen und die übrigen deutschen Staaten nördlich des Mains zum Norddeutschen Bund zusammengeschlossen hatten und einen Bundesstaat bildeten. Dieser Bund vereinigte Preußen und 21 weitere Länder. Die Verfassung des Bundes sicherte Preußen Vorherrschaft, indem sie ihm 17 von 43 Stimmen im Bundesrat (und damit eine Sperr-Minorität gegen Verfassungsänderungen) zuwies und regelte, dass das „Bundespräsidium“ der Krone Preußens zustand.

Der Verfassungsentwurf sah vor, dem Bundesrat, der Vertretung der einzelnen Staaten, neben seinen Befugnissen bei der Gesetzgebung auch die Funktion einer Bundesregierung zu geben. Der Bundeskanzler sollte nur Unterstaatssekretär im preußischen Außenministerium sein und den Vorsitz und die Geschäftsführung im Bundesrat haben. Eine eigene parlamentarische Verantwortlichkeit sollte er danach nicht tragen. Für den Bundesrat als Bundesregierung hätte demnach eine parlamentarische Verantwortlichkeit nur insofern bestanden, als die Vertreter der einzelnen staatlichen Regierungen ihren Landtagen verantwortlich waren.

Gegen diese Konstruktion wandte sich die Mehrheit des Reichstages. Sie wollte ein selbständiges, dem Reichstag unmittelbar verantwortliches Ministerkollegium. Sie erreichte, dass in der Verfassung des Norddeutschen Bundes folgende Regelungen aufgenommen wurden:

Der Vorsitz im Bundesrat und die Leitung von dessen Geschäften wurde dem Bundeskanzler zugewiesen; dieser war vom König von Preußen zu ernennen (Art. 15). Die Anordnungen und Verfügungen des Bundespräsidiums (also des Königs von Preußen) bedurften zu ihrer Gültigkeit der Gegenzeichnung des Bundeskanzlers, „welcher dadurch die Verantwortlichkeit übernimmt" (Art. 17). Durch diese Verantwortlichkeit wurde der Bundeskanzler zu einem eigenen obersten Organ des Norddeutschen Bundes erhoben.

Der preußische Ministerpräsident und Außenminister Otto von Bismarck selbst übernahm das Amt des Bundeskanzlers und gab ihm entsprechendes Gewicht.

Bundeskanzleramt: Beginn einer eigenen Verwaltung im Bund

Am 12. August 1867 wurde die erste und zunächst auch einzige oberste Behörde des Norddeutschen Bundes errichtet, das „Bundeskanzler-Amt". Ministerielle Geschäfte des Bundes wurden nunmehr nicht insgesamt von preußischen Ministerien miterledigt, sondern überwiegend durch eine bundeseigene, dem Bundeskanzler zugeordnete Behörde. Mit Ausnahme der Angelegenheiten des Auswärtigen und der Marine, die weiterhin von preußischen Ministerien wahrgenommen wurden, war diese Behörde Verwaltungsspitze für alle Bundesangelegenheiten. Dies war der Beginn einer bundesstaatlichen Regierung mit einem eigenen Verwaltungsapparat. Präsident des neugeschaffenen Bundeskanzleramtes wurde Rudolf Delbrück, der vorher die Handelsabteilung im Preußischen Handelsministerium geleitet hatte.

1.1.2 Deutsches Reich 1871–1918

Reichskanzler

Die Verfassung des Deutschen Reichs (Bismarcksche Reichsverfassung) vom 16. April 1871 (RGBl. S. 63) übernahm fast wortlautgleich die Regelungen der Verfassung des Norddeutschen Bundes. Das Deutsche Reich erweiterte den Bund um die süddeutschen Staaten Bayern, Württemberg und Baden und veränderte das Stimmenverhältnis im Bundesrat dahin, dass Preußen nun 17 von 58 Stimmen zugeteilt waren (allerdings immer noch eine Sperr-Minorität gegen Verfassungsänderungen). Das „Präsidium des Bundes" wies die Verfassung weiterhin dem König von Preußen zu, der nunmehr den Namen Deutscher Kaiser erhielt. Der Bundeskanzler erhielt die Bezeichnung Reichskanzler; seine Rechtsstellung blieb aber unverändert.

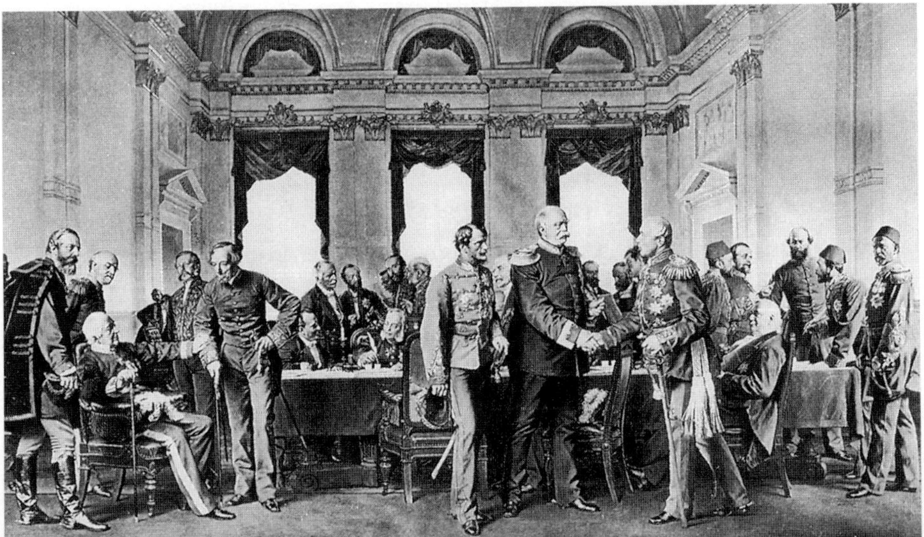

Die Unterzeichnung des Berliner Vertrages (Gemälde, Anton von Werner).

Bismarcksche Reichsverfassung
Vom 16. April 1871
Auszug

Art. 15 (Reichskanzler) Der Vorsitz im Bundesrate und die Leitung der Geschäfte stehen dem Reichskanzler zu, welcher vom Kaiser zu ernennen ist.
Der Reichskanzler kann sich durch jedes andere Mitglied des Bundesrates vermöge schriftlicher Substitution vertreten lassen.

Art. 16 (Behandlung der Vorlagen) Die erforderlichen Vorlagen werden nach Maßgabe der Beschlüsse des Bundesrates im Namen des Kaisers an den Reichstag gebracht, wo sie durch Mitglieder des Bundesrates oder durch besondere von letzterem zu ernennende Kommissarien vertreten werden.

Art. 17 (Anordnungen und Verfügungen des Kaisers; Gegenzeichnung) Dem Kaiser steht die Ausfertigung und Verkündigung der Reichsgesetze und die Überwachung der Ausführung derselben zu. Die Anordnungen und Verfügungen des Kaisers werden im Namen des Reichs erlassen und bedürfen zu ihrer Gültigkeit der Gegenzeichnung des Reichskanzlers, welcher dadurch die Verantwortlichkeit übernimmt.

Auszug aus Bismarckscher Reichsfassung (Selbstfertigung).

Erst durch Gesetz vom 28. Oktober 1918 (sog. Parlamentarisierungsgesetz) (RGBl. S. 1274) wurde eine Verantwortlichkeit des Reichskanzlers auch gegenüber dem Parlament geregelt. In Art. 15 der Reichsverfassung wurde ausdrücklich die Regelung aufgenommen, dass der Reichskanzler zu seiner Amtsführung das Vertrauen des Reichstages bedarf und für seine Amtsführung außer dem Bundesrat auch dem Reichstag verantwortlich ist.

Reichskanzleramt: Keimzelle einer gegliederten Bundesverwaltung

Das Bundeskanzler-Amt wurde am 12. Mai 1871 in Reichskanzleramt umbenannt. Der Präsident des ehemaligen Bundeskanzleramtes, Delbrück, wurde in das neue Amt übernommen und behielt dieses bis 31. Mai 1876 bei.

Das Bundeskanzleramt, das zunächst mehr als zentrales Verwaltungsbüro des Bundeskanzlers angelegt war, entwickelte sich als Reichskanzleramt immer mehr in Richtung eines Ministeriums. Der Zentralabteilung und den Abteilungen I und II, die bereits im Bundeskanzleramt vorhanden waren, wurde eine Abteilung III hinzugefügt, die als oberste Verwal tungsbehörde für das neue „Reichsland" Elsaß-Lothringen zuständig war. 1874 wurde die Abteilung IV hinzugefügt, die Rechtsabteilung.

Das Reichskanzleramt war Keimzelle einer gegliederten Bundesverwaltung für alle Aufgabengebiete mit Ausnahme der Außenpolitik und Angelegenheiten der Marine. Bereits am 4. Januar 1870 (also noch in der Zeit des Norddeutschen Bundes) war als zweite oberste Bundesbehörde das Auswärtige Amt geschaffen worden. Es übernahm vom preußischen Ministerium für auswärtige Angelegenheiten die insoweit bestehenden Bundeszuständigkeiten. Die Aufgaben des Oberkommandos der Marine und der Marineverwaltung wurden am 1. Januar 1872 vom Preußischen Marineministerium auf die Kaiserliche Admiralität und 1889 auf das Reichsmarineamt als oberste Marineverwaltungsbehörde übertragen. Aus dem Auswärtigen Amt ging ferner das Reichskolonialamt hervor.

Ausgliederung von Spezialverwaltungen, aber noch keine Ressorts

Für alle übrigen Angelegenheiten des Bundes war zunächst das Bundeskanzleramt zuständig. Aus ihm wurden nach und nach Spezialzuständigkeiten ausgegliedert:

- 1873 das Reichseisenbahnamt
- 1876 der Generalpostmeister (ab 1880 Reichspostamt)
- 1877 das Reichsjustizamt
- 1879 das Reichsschatzamt

Auch die Behörden der Reichsbank (Reichsbankdirektorium und Reichsbankkuratorium) wurden als selbständige Reichsbehörden geschaffen; sie waren dem Reichskanzler untergeordnet, dem Reichskanzleramt aber gleichgestellt.

Bei diesen Behörden handelte es sich nicht um eigenständige Ressorts; vielmehr waren sie dem Reichskanzler als dem einzigen Reichsminister untergeordnet. Leiter der Reichsämter waren in der Regel Staatssekretäre. Infolge der Zunahme von Arbeitslast und Verantwortung ergab sich für den Reichskanzler die Notwendigkeit von Entlastung. Durch Reichsgesetz vom 17. März 1878 (sog. Stellvertretergesetz) wurde das Amt des Reichsvizekanzlers (Generalstellvertreter) eingeführt und die Möglichkeit geschaffen, bestimmte Aufgaben den Vorständen der Reichsbehörden zu übertragen. Die Staatssekretäre konnten also zu ständigen Vertretern des Reichskanzlers auf ihren jeweiligen Aufgabengebieten bestellt werden. Der Reichskanzler behielt aber die Befugnis, „jede Amtshandlung auch während der Dauer der Stellvertretung selbst vorzunehmen."

Vom Reichskanzleramt zum Reichsamt des Innern und zur Reichskanzlei

Durch die Vergrößerung des Reichskanzleramtes einerseits und die Ausgliederung selbständiger oberster Behörden andererseits wandelte sich immer mehr die inhaltliche Struktur des Amtes. Der Charakter des persönlichen Büros für den Reichskanzler trat in den Hintergrund; das Amt entwickelte sich zu einer Behörde für alle inneren Angelegenheiten, die nicht ausgegliederten Spezialbehörden zugewiesen waren.

So war es konsequent, dass das Reichskanzleramt zum „Reichsamt des Innern" umgewandelt wurde und an seine Spitze der „Staatssekretär des Innern" trat. Dies geschah auf Vorschlag des Reichskanzlers durch Erlass des Kaisers vom 24. Dezember 1879. Der Veränderungsprozess im Reichskanzleramt hatte deutlich gemacht, dass einerseits eine Verselbstständigung des Amtes erforderlich war, das nunmehr die Bezeichnung Reichsamt des Innern trug, dass andererseits aber die Notwendigkeit eines persönlichen Büros für den

Reichskanzler bestand. Deshalb hatte der Reichskanzler bereits während der Beratungen des Haushalt 1878/79 einen dahingehenden Antrag gestellt. Durch Kabinettsordre vom 18. Mai 1878 erteilte der Kaiser die Genehmigung zur „Errichtung eines zur unmittelbaren Verfügung des Reichskanzlers stehenden Central-Bureaus, welches den Namen 'Reichskanzlei' führt".

Diese Reichskanzlei bestand anfangs aus einem Vortragenden Rat als Leiter und aus drei weiteren Hilfskräften. Erster Leiter wurde der ehemalige Landrat Tiedemann aus Mettmann, vormals freikonservativer Abgeordneter des preußischen Abgeordnetenhauses. Ihm folgten bis 1918 noch weitere neun Chefs der Reichskanzlei. Aufgabe der Reichskanzlei war es, den Verkehr des Reichskanzlers mit den ihm unterstehenden Chefs der Reichsbehörden zu vermitteln, den Reichskanzler zu informieren, seine Aufträge auszurichten und ihn bei der persönlichen Wahrnehmung seiner eigenen Funktionen zu unterstützen.

Die Zahl der Mitarbeiter der Reichskanzlei stieg bis zu Bismarcks Ausscheiden im Jahre 1890 auf acht, danach bis 1914 auf zwanzig und bis 1918 auf fünfundzwanzig, davon nur vier höhere Beamte. 1907 wurde der Leiter der Reichskanzlei in den Rang eines Unterstaatssekretärs erhoben.

1.1.3 Weimarer Republik 1919–1933

Reichskanzler

Die Verfassung des Deutschen Reiches vom 11. August 1919 (Weimarer Verfassung) (RGBl. S. 1383) führte die Republik ein, sah aber trotz ihrer Abkehr von der Monarchie eine relativ starke Stellung des Staatsoberhaupts, des Reichspräsidenten, aber auch die Stärkung des Reichstages vor.

Im Verhältnis der obersten Staatsorgane zueinander war die Stellung der Reichsregierung gekennzeichnet durch Abhängigkeit nach beiden Seiten: Gemäß Art. 53 wurden der Reichskanzler und auf seinen Vorschlag die Reichsminister vom Reichspräsidenten ernannt und entlassen. Art. 54 bestimmte, dass der Reichskanzler und die Reichsminister zu ihrer Amtsführung des Vertrauens des Reichstags bedurften; jeder von ihnen wurde zum Rücktritt verpflichtet, wenn der

Reichstag ihm durch ausdrücklichen Beschluss sein Vertrauen entzieht. Nach damaliger verfassungsrechtlicher Auffassung bedurfte es zur Ernennung einer Regierung keiner ausdrücklichen Vertrauensaussage des Reichstags; vielmehr wurde davon ausgegangen, dass die Reichsregierung das Vertrauen des Reichstages hatte, bis das Gegenteil durch ein Misstrauensvotum des Reichstags bewiesen war. Dies betonte zusätzlich die Stärke des Reichspräsidenten gegenüber dem Reichstag.

Schwache verfassungsrechtliche Stellung von Reichsregierung und Reichskanzler

Schwach angelegt war die verfassungsrechtliche Stellung der Reichsregierung und des Reichskanzlers: Durch – destruktive – Misstrauensbeschlüsse konnte der Reichstag jederzeit den Reichskanzler zum Rücktritt zwingen, ohne dass die Mehr heitsfähigkeit eines anderen Bewerbers für das Amt des Reichskanzlers gesichert war. Misstrauensbeschlüsse, aus denen der Zwang zum Rücktritt folgte, waren sogar gegen jeden einzelnen Reichsminister möglich. Dies erschwerte die Kabinettbildungsaufgabe des Reichskanzlers ganz beträchtlich.

Die Folge dieser verfassungsrechtlichen Konstruktion waren instabile, relativ schwache Regierungen, so dass länger angelegte konsistente Politik erheblich erschwert war. Bis 1933 lösten insgesamt 21 Kabinette einander ab.

Reichsregierung: erstmals gilt Ressortprinzip

Während der Reichskanzler der Bismarckschen Verfassung einziger Minister war, kam es nach dem Zusammenbruch infolge des ersten Weltkriegs erstmals zur Bildung einer Regierung. Bereits am 10. Februar 1919 beschloss die Weimarer Nationalversammlung, dass der Reichspräsident Reichsminister zu berufen habe, die zu ihrer Amtsführung des Vertrau ens der Volksvertretung bedürften und dieser auch unmittelbar verantwortlich seien. Durch Erlass des Reichspräsidenten vom 21. März 1919 wurde z.B. für das bisherige Reichsamt des Innern die Bezeichnung „Reichsministerium des Innern“ festgestellt.

Art. 56 der Weimarer Verfassung gab dem Reichskanzler die Kompetenz zur Bestimmung der Richtlinien der Politik, räumte aber zugleich jedem Reichsminister innerhalb dieser Richtlinien die Kompetenz ein, „den ihm anvertrauten Geschäftszweig selbständig und unter eigener Verantwortung gegenüber dem Reichstag" zu leiten. Das Unterordnungsverhältnis der Reichsämter gegenüber dem Reichskanzler nach der Bismarckschen Verfassung wurde also erstmals durch eine eigene Ressortverantwortung selbständiger Ministerien ersetzt.

Reichskanzlei: Amt für Kanzler und Regierung

Seit der Bildung von Reichsregierungen veränderte sich die Aufgabe der Reichskanzlei. Sie war nunmehr nicht nur Büro des Reichskanzlers, sondern erhielt zugleich koordinierende Aufgaben gegenüber der Regierung insgesamt. Der Chef der Reichskanzlei war danach nicht mehr nur Helfer des Reichskanzlers, sondern Geschäftsführer der gesamten Reichsregierung. Deren Zusammenarbeit wurde gemäß Art. 55 der Weimarer Verfassung in der „Geschäftsordnung der Reichsregierung" vom 3. Mai 1924 geregelt. Darüber hinaus wurde der Geschäftsverkehr der Reichsministerien untereinander und mit ihnen durch eine „Gemeinsame Geschäftsordnung der Reichsministerien" geregelt.

Nach den neuen Regeln oblag der Reichskanzlei insbesondere die Vorbereitung der Kabinettsitzungen und der sonstigen Ministerbesprechungen. Der Chef der Reichskanzlei hatte Sitz (allerdings nicht Stimme) in allen Kabinettsitzungen und Ministerbesprechungen beim Reichskanzler. Seit 1924 hatte er den Rang eines Staatssekretärs. In den 14 Jahren der Weimarer Republik gab es zehn Chefs der Reichskanzlei. Davon amtierte weitaus am längsten Hermann Pünder; er bekleidete die Aufgabe von Juli 1926 bis Juni 1932. Der Personalbestand der Reichskanzlei vermehrte sich bis 1928 auf 35 Beamte, darunter der Staatssekretär und zwei Ministerialdirektoren. Einer der beiden Ministerialdirektoren war der sog. „Pressechef der Reichsregierung"; von diesem organisatorisch getrennt war die „Pressestelle der Reichsregierung", die beim Auswärtigen Amt ressortierte. Zeitweise oder ständig war der Reichskanzlei eine Reihe von Dienststellen angegliedert, so die Vertretung der Reichsregierung in München, die „Reichszentrale für Heimatdienst", der Sachverständige der Reichsregierung für Entwaffnungsfragen und die „Reichsgeschäftsstelle der deutschen Nothilfe".

1.2 Die Reichskanzlei von 1933 bis 1945

1.2.1 Zusammenbruch der Weimarer Republik

Die Schwäche der Regierung im Verfassungsrecht und in der Verfassungspraxis der Weimarer Republik wurde in den letzten Jahren vor 1933 immer offenbarer. Die Weltwirtschaftskrise Ende der 20er Jahre führte auch zur Handlungsunfähigkeit des Parlamentarismus. Nach der Entlassung des Reichskanzlers Brüning im Frühjahr 1932 kam keine politische Mehrheit für einen Reichskanzler oder ein politisches Programm mehr zustande. Reichspräsident von Hindenburg machte zunehmend von seinem Notverordnungsrecht Gebrauch und veränderte dadurch das parlamentarische System praktisch weitgehend in ein präsidiales. Schließlich ernannte er am 30. Januar 1933 Hitler zum Reichskanzler.

„Ermächtigungsgesetz" von 1933: Faktische Beseitigung der Weimarer Verfassung

In den folgenden Wochen wurde konsequent auf den Abbau des demokratischen Verfassungssystems der Weimarer Republik hingewirkt, obwohl die Weimarer Verfassung auch in der nationalsozialistischen Diktatur nie förmlich außer Kraft gesetzt wurde. Erster Schritt war die „Verordnung des Reichspräsidenten zum Schutz von Volk und Staat" vom 28. Februar 1933. Sie machte vom Notverordnungsrecht des Art. 48 Abs. 2 der Weimarer Reichsverfassung Gebrauch, wonach „vorübergehend" Grundrechte ganz oder zeitweise außer Kraft gesetzt werden konnten, wenn dies zur „Wiederherstellung der öffentlichen Sicherheit und Ordnung" nötig war. Der Reichstagsbrand vom 27./28. Februar 1933 bot hierfür Anlass (oder Vorwand). Die danach mögliche Ächtung politischer Gegner reichte aber noch nicht aus, um den Nationalsozialisten bei der Reichstagswahl vom 5. März 1933 die Mehrheit zu verschaffen. Dies war Ausgangspunkt für die Nationalsozialisten, im Reichstag das sog. Ermächtigungsgesetz zu erwirken: Das Gesetz „zur Behebung der Not von Volk und Reich", das vom Reichstag am 23. März 1933 beschlossen wurde, hob die Weimarer Verfassung zwar nicht förmlich auf, beseitigte sie aber faktisch: Nach jenem Gesetz konnten künftig Reichsgesetze „auch durch die Reichsregierung beschlossen werden" und „die von der Reichsregierung beschlossenen Gesetze von der

Reichsverfassung abweichen". Damit war der Reichsregierung absolute Macht eingeräumt. In der Praxis bedeutete dies aber zunehmend nicht, dass die Reichsregierung als Kollegium diese Macht ausübte, sondern dass Hitler als Diktator diese Macht nicht zuletzt mit Hilfe seiner Partei in absolutistischer Weise an sich zog.

1.2.2 Stellung der Reichskanzlei

Die diktatorische Machtkonzentration bei Hitler selbst wirkte sich auch auf die Stellung der Reichskanzlei aus. Sie war nun nicht mehr ein Koordinierungsinstrument für die Regierung sondern Hilfsorgan des Reichskanzlers. Dieser traf die Entscheidungen oft ohne Beteiligung seiner Fachminister, allenfalls nach Beratung mit seinen Untergebenen in der Reichskanzlei. Dies gab der Reichskanzlei zeitweise eine stärkere Stellung als den Fachministern. Als Ausdruck dessen wurde der Chef der Reichskanzlei, Lammers, der dieses Amt von Hitlers Amtsantritt bis zum Ende innehatte, im Jahre 1937 zum Staatsminister ernannt. Seine Bedeutung und die der Reichskanzlei nahm in der Folgezeit in dem Maße ab, in dem sich Hitler seiner Partei statt seiner Kanzlei als Hilfsorgan bediente. Dementsprechend änderten sich Personalbestand und Struktur der Reichskanzlei unter Hitler kaum. Die Reichskanzlei beendete ihre Existenz im Frühjahr 1945: Die verbliebenen Beamten waren samt ihren Akten in eine kleine Ortschaft in die Nähe des Obersalzberges in den Alpen geflüchtet; dort wurden sie von französischen Truppen festgenommen.

Reichskanzlei als Hilfsorgan der Hitler-Diktatur

1.3 Die Direktorialkanzlei Frankfurt 1948 bis 1949

Anfang 1948 riefen die amerikanische und die britische Militärregierung einen Verwaltungsrat des „Vereinigten Wirtschaftsgebiets" (sog. Bizone) mit Sitz in Frankfurt/Main ins Leben. Diese sollte einer Regierung vergleichbare Funktionen erfüllen. Den Vorsitz dieses Verwaltungsrats übernahm der langjährige Chef des Reichskanzlei während der Weimarer Republik, Hermann Pünder. Ihm waren sechs Verwaltungen nachgeordnet, an deren Spitze überwiegend Persönlichkeiten standen, die später in den Anfangsjahren der Bundesrepublik Deutschland politische Bedeutung erlangten: Wirtschaft (Erhard), Ernährung, Landwirtschaft und Forsten (Schlange Schöningen), Verkehr (Frohne), Post- und Fernmeldewesen (Schuberth), Finanzen (Hartmann) und – etwas später – Arbeit (Storch). Außerdem wurden dem Vorsitzenden des Verwaltungsrats noch das gesamte Personalamt der sechs Verwaltungen, ferner das Rechtsamt und das Statistische Amt nachgeordnet. Der Verwaltungsrat suchte eine Organisation ähnlich dem Vorbild während der Weimarer Republik und gab sich unter dem 1. Oktober 1948 eine Geschäftsordnung, die der Geschäftsordnung der Reichsregierung von 1924 nachgebildet war.

„Vorläufer" der Bundesregierung

Dem Vorbild der alten Reichskanzlei entsprechend wurde am 15. April 1948 eine Direktorialkanzlei gebildet, die Verwaltungsorgan des Vorsitzers und des gesamten Verwaltungsrates war. Chef der Direktorialkanzlei wurde Ministerialdirektor Dr. Krautwig. Die Direktorialkanzlei erhielt nur einen kleinen Stab mit drei Hauptreferaten. Darüber hinaus wurde am 23. Juni 1948 ein „Pressechef der Direktorialkanzlei" ernannt, und zwar Ministerialdirektor Knappstein.

Nach den ersten Bundestagswahlen und der Bildung der Bundesregierung hörte gemäß Gesetz Nr. 25 der amerikanischen Militärregierung vom 15. September 1949 und einer entsprechenden der britischen Militärregierung der Verwaltungsrat des Vereinigten Wirtschaftsgebiets rechtlich auf zu bestehen. Gleichwohl existierte – der Bundesregierung unterstellt – die Direktorialkanzlei noch bis zum 31. März 1950, ihre Abwicklungsstelle sogar noch bis Ende März 1951.

Der Präsident des Parlamentarischen Rats, Konrad Adenauer, hegte Misstrauen gegen den bizonalen Verwaltungsapparat und versuchte, sich beim Neuaufbau der Bundesregierung davon zu lösen. Gleichwohl gab es personelle und organisatorische Übergänge vom Verwaltungsrat des Vereinigten Wirtschaftsgebiets zur Bundesregierung, so dass jenem eine gewisse Vorläufer-Funktion zugesprochen werden kann.

1.4 Neubeginn unter dem Grundgesetz in Bonn

Nach Vorarbeiten eines Sachverständigenausschusses, dem von den Ministerpräsidenten der westdeutschen Bundesländer eingesetzten sog. „Verfassungskonvent von Herrenchiemsee" erarbeitete der sog. „Parlamentarische Rat" in weniger als neun Monaten das Grundgesetz. Der von den Landtagen der genannten Bundesländer gewählten Parlamentarischen Rat schloss am 6. Mai 1949 seine Arbeit ab. Am 23. Mai 1949 wurde das Grundgesetz verkündet und in Kraft gesetzt.

Parlamentarischer Rat

Diese zweite demokratische Verfassung nach derjenigen der Weimarer Republik versuchte, die bewährten Elemente jener Verfassung von 1919 mit den Folgerungen aus den Erfahrungen zu verbinden, die sich bis zum Zusammenbruch der Demokratie unter dem Nationalsozialismus ergeben hatten. Es entstand eine gedanklich und sprachlich prägnante, auf das Wesentliche konzentrierte Verfassung, die wohl gerade deshalb ihre weitschauende Flexibilität und überzeugende Kraft über die Jahrzehnte bis zur deutschen Wiedervereinigung im Jahre 1990 und darüber hinaus unter Beweis gestellt hat; insbesondere die Stabilität der Bonner Demokratie, die hohe Akzeptanz für das Bundesverfassungsgericht und dessen Auslegung des Grundgesetzes und schließlich der Beitritt der DDR im Sommer 1990 zum Grundgesetz sind beredter Ausdruck dafür.

Das Grundgesetz als bewährte deutsche Verfassung

Allerdings konnten die Schöpfer dieser Verfassung im Jahre 1949 noch nicht ahnen, dass die Wiedervereinigung so lange auf sich warten lassen würde und ihr Text im Prinzip dauerhafte deutsche Verfassung sein würde. Sie wollten dem gesamtdeutschen Gesetzgeber, der nach ihrer Vorstellung bald sollte handeln können, nicht vorgreifen und nannten deshalb ihren Text nicht Verfassung, sondern „nur" Grundgesetz und führten darüber auch keine Volksabstimmung herbei. Dieses Grundgesetz bewährte sich aber in der Verfassungspraxis als beste Verfassung der deutschen Geschichte in herausragendem Maße. Hohe Wahlbeteiligungen mit deutlichen Absagen an extremistische Parteien waren und sind Ausdruck der großen Zustimmung des deutschen Volkes zum Grundgesetz als deutscher Verfassung. Ein Legitimationsdefizit besteht deshalb nicht. Das Grundgesetz war und ist die lebendige deutsche Verfassung.

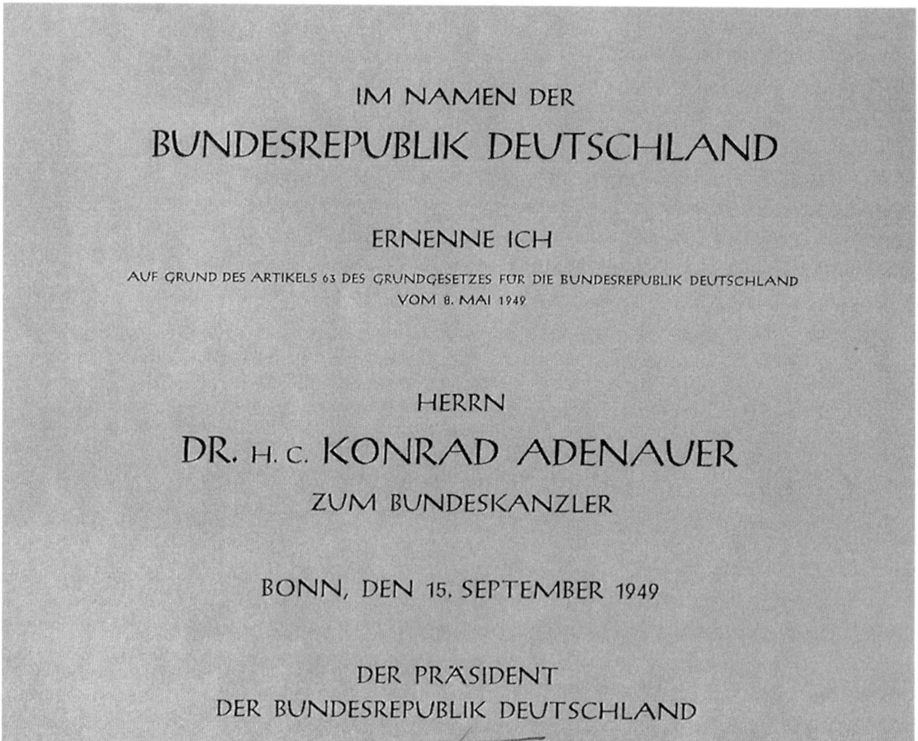
IM NAMEN DER

BUNDESREPUBLIK DEUTSCHLAND

ERNENNE ICH

AUF GRUND DES ARTIKELS 63 DES GRUNDGESETZES FÜR DIE BUNDESREPUBLIK DEUTSCHLAND
VOM 8. MAI 1949

HERRN

DR. H. C. KONRAD ADENAUER

ZUM BUNDESKANZLER

BONN, DEN 15. SEPTEMBER 1949

DER PRÄSIDENT
DER BUNDESREPUBLIK DEUTSCHLAND

Faksimile der Urkunde zur Ernennung von Konrad Adenauer zum 1. Bundeskanzler der Bundesrepublik Deutschland.

Am 7. September 1949 trat der erste gewählte Bundestag zusammen. Am 12. September 1949 wurde Theodor Heuss zum ersten Bundespräsidenten, am 15. September 1949 Konrad Adenauer zum ersten Bundeskanzler gewählt. Am 20. September 1949 trat die neue Bundesregierung zu ihrer konstituierenden Sitzung zusammen; am selben Tag gab Konrad Adenauer seine erste Regierungserklärung ab.

Bereits im Juni 1949 hatten die Ministerpräsidenten einen Organisationsausschuss gegründet, der Pläne für den Aufbau der Bundesregierung ausarbeiten sollte. Dieser Ausschuss verfasste die sog. Schlangenbader Empfehlungen und schlug darin die Errichtung von acht gewissermaßen „klassischen" Bundesministerien neben dem Bundeskanzler vor. Die der konstituierenden Kabinettsitzung vorausgehenden Koalitionsverhandlungen führten dann zu der Verabredung, noch einige Spezialministerien einzurichten, z.B. für Vertriebene und für Angelegenheiten des Marshallplans. So bildeten dann der Bundeskanzler und 13 Minister das Kabinett der ersten Bundesregierung.

Das 1. Kabinett Adenauer im Deutschen Bundestag.

2 Der räumliche Sitz des Bundeskanzlers gestern und heute und der Sitz des Reichskanzlers im Rückblick

Art. 2 Abs. 1 des Einigungsvertrages, der am 31. August 1990 im Kronprinzenpalais in Berlin unterzeichnet wurde, lautet:

Hauptstadt-Entscheidung des Einigungsvertrages

„Hauptstadt Deutschlands ist Berlin. Die Frage des Sitzes von Parlament und Regierung wird nach der Herstellung der Einheit Deutschlands entschieden."

Bundestagsbeschluss vom 20. Juni 1991

Am 20. Juni 1991 beschloss der Bundestag nach intensiver und kontroverser Diskussion mit knapper Mehrheit, seinen künftigen Sitz in Berlin zu nehmen; in 10 bis 12 Jahren solle die „volle Funktionsfähigheit" Berlins für Parlament und Regierung hergestellt werden. Dementsprechend beschloss die Bundesregierung am 22. Juli 1999 – zeitlich parallel zum Bundestag – : „Die Sitzentscheidung des Verfassungsorgans Bundesregierung für die Bundeshauptstadt Berlin wird mit Wirkung vom 1. September 1999 vollzogen."

Damit wird angeknüpft an die historische Bedeutung Berlins als deutsche Hauptstadt. Zugleich soll dadurch auch die künftige Rolle Berlins hervorgehoben werden. Ein Rückblick auf den Sitz der früheren Regierungen Deutschlands mag die wechselvolle Geschichte der Hauptstadt-Frage in knapper Form veranschaulichen.

2.1 Wilhelmstraße in Berlin

Die Wilhelmstraße bildet den westlichen Rand einer Stadterweiterung, die der preußische König Friedrich Wilhelm I., der sog. Soldatenkönig, in der ersten Hälfte des 18. Jahrhunderts im Süden seiner Residenz durchführte und die den Namen „Friedrichstadt" trägt. Verdiente Beamte und Generäle erhielten dort Grundstücke, um Bauten zu errichten. Einige der Bauten wurden in den 20er und 30er Jahren des 19. Jahrhunderts von Karl Friedrich Schinkel umgebaut und so von seiner Handschrift geprägt.

Die Geschichte der Ministerien in der Wilhelmstraße begann 1819 mit dem preußischen Ministerium für auswärtige Angelegenheiten. Es zog damals in das Haus Wilhelmstraße Nr. 76. Später – im Revolutionsjahr 1848 – bezog das sog. preußische Staatsministerium mit dem Sitz des Ministerpräsidenten das Haus Nr. 74. Dieses Haus, das 1731 für Geheimrat von Kellner errichtet worden war, wurde dann nach Schaffung des „Bundeskanzler-Amtes" im Jahre 1867 dessen Sitz. In jenem Haus hatte bereits zuvor Rudolf Delbrück seinen Sitz, der langjährige wirtschafts- und handelspolitische Experte preußischer Politik, als er das Amt des ersten Chefs des Bundeskanzler-Amtes übernahm.

Otto von Bismarck selbst, der seit 1862 preußischer Ministerpräsident war und kurzfristig im Haus Nr. 74 gewohnt hatte, residierte seit der Übernahme auch des preußischen Außenministeriums im Haus Nr. 76.

Palais Radziwill wird Reichskanzlerpalais

Im Jahr 1878 konnte er das Nachbarhaus Nr. 77 als eigenes Reichskanzlerpalais beziehen. Diesem wird nachgesagt, eine der vornehmsten Baulichkeiten der Wilhelmstraße gewesen zu sein. König Friedrich Wilhelm I. hatte das Grundstück 1736 dem General von der Schulenburg zur Verfügung gestellt. Dieser wie seine Rechtsnachfolger besaßen das dort errichtete Gebäude jeweils nur kurze Zeit, bis 1795 Fürst Michael Radziwill das Haus für seinen Sohn Anton erwarb. Von da an war das Palais Radziwill ein Mittelpunkt des gesellschaftlichen Lebens in Berlin. Bismarck erwirkte den Ankauf des Palais für das Reich und ließ es ab 1875 zum Reichskanzlerpalais umbauen. Hier behielt auch die Reichskanzlei nach der Organisationsreform des Reichskanzleramtes von 1879 ihren Sitz.

Nachdem immer mehr Räume der ursprünglichen Kanzlerwohnung im Palais Radziwill, das ursprünglich vorwiegend Wohnzwecken diente, in Büros umgewidmet worden waren, ergab sich der Wunsch nach einem Erweiterungsbau. Deswegen wurde 1914 das benachbarte Grundstück Nr. 78 gekauft. Es dauerte bis 1931, bis dort das neue Dienstgebäude der

Reichskanzlei eingeweiht werden konnte. Dessen Architekt war Eduard Jobst Siedler. Ein stilisierter Reichsadler neben dem Fahnenmast der Reichskanzlei wurde von Ludwig Gies geschaffen, der später auch den Bundesadler im alten Plenarsaal des Bundestages in Bonn gestaltete.

Hitler mochte das Gebäude des früheren Palais Radziwill nicht und bezeichnete es verächtlich als „Zigarren-Kiste". Er ließ es von seinem Münchner Architekten Troost umbauen, entwickelte aber bald Pläne für eine neue Reichskanzlei, die an der Voßstraße, einer Seitenstraße der Wilhelmstraße, entlang errichtet werden sollte. 1939 konnte er diesen Gebäudekomplex beziehen.

In den letzten Jahren des zweiten Weltkrieges – seit November 1943 – wurden die meisten Regierungsbauten der Wilhelmstraße durch Luftangriffe zerstört.

Reichskanzler-Palais in Berlin, Wilhelmstr. 77 (Palais Radziwill).

2.2 Direktorialkanzlei in Frankfurt und neuer Regierungssitz in Bonn

Die Direktorialkanzlei des Verwaltungsrates der Bizone hatte ihren Sitz in Frankfurt und teils in Bad Homburg (Verwaltung für Finanzen) sowie in Offenbach (Verwaltung für Verkehr). Der Parlamentarische Rat zur Schaffung des Grundgesetzes arbeitete in Bonn. So war es nicht erstaunlich, dass Frankfurt und Bonn Anspruch erhoben, Sitz der Parlaments- und Regierungsfunktionen der neu geschaffenen Bundesrepublik Deutschland zu werden, weil Berlin wegen seines besonderen besatzungsrechtlichen Status ausschied. Nach kontroverser Diskussion beschloss der Parlamentarische Rat am 10. Mai 1949 mit einer Mehrheit von 33 zu 29 Stimmen, dass Bonn vorläufige Bundeshauptstadt sein sollte. Der Bundestag bekräftigte diese Entscheidung am 3. November 1949.

Konrad Adenauer, der als Präsident des Parlamentarischen Rats sein Arbeitszimmer im Museum König in Bonn hatte, behielt dieses nach seiner Wahl zum Bundeskanzler noch kurze Zeit bei. Dann verlegte er es in das Palais Schaumburg. Dort fanden auch die Kabinettsitzungen der neuen Bundesregierung statt.

Palais Schaumburg, Sitz des Bundeskanzlers von 1949–1976.

2.3 Palais Schaumburg

Am 5. November 1949 wurde das Palais Schaumburg zum Amtssitz des Bundeskanzlers bestimmt.

Das Palais hatte bis dahin eine wechselvolle Geschichte hinter sich. Es wurde im Jahre 1860 von dem Textilkaufmann Wilhelm Loeschigk, der es im Rohbau gekauft hatte, zu Ende gebaut und diente ihm und später seiner Frau als „Villa Loeschigk" als Altersruhesitz. Loeschigk legte auch den Park an, der das Palais umgibt und fast bis zum Rhein reicht. Im Jahre 1890 erwarb das Anwesen Prinz Adolf zu Schaumburg-Lippe; dieser heiratete im November 1890 Prinzessin Viktoria von Preußen, eine Schwester Kaiser Wilhelms des II. Beide bezogen im März 1891 die Villa und erweiterten den Bau; nun erhielt das Haus den Namen „Palais Schaumburg".

Bundeskanzler Konrad Adenauer in seinem Arbeitszimmer im Palais Schaumburg.

Nach dem Tode des Prinzen im Jahre 1916 ging das Palais auf seine Witwe über. Diese heiratete 1927 den russischen Lebemann und Abenteurer Alexander Zoubkoff, der das Vermögen der Prinzessin in kurzer Zeit verschleuderte. Die Ehe scheiterte, Zoubkoff wurde ausgewiesen und das Inventar des Hauses versteigert; Viktoria starb 1929 völlig verarmt.

In der Folgezeit wurde das Palais an verschiedene Behörden vermietet, schließlich 1939 an das Deutsche Reich verkauft. Im zweiten Weltkrieg beherbergte es verschiedene Wehrmachteinrichtungen und nach Kriegsende das Oberkommando der belgischen Besatzungstruppen bis Oktober 1949.

Nach der Bestimmung des Palais zum Amtssitz des Bundeskanzlers wurde dort auch die Verwaltung des Bundeskanzleramtes aufgenommen. Dafür wurden in den Jahren 1953 bis 1955 zwei Gebäude angebaut.

Im Erdgeschoß des Palais Schaumburg befindet sich der frühere Kabinettsaal. Im 1. Obergeschoß liegt der Raum, in dem die ersten Bundeskanzler der Bundesrepublik Deutschland bis 1976 ihr Arbeitszimmer hatten. Anfang der 80er Jahre hat dort Bundeskanzler Helmut Kohl das Arbeitszimmer Konrad Adenauers wieder – soweit als möglich mit alten Einrichtungsgegenständen – herrichten lassen.

Das Palais Schaumburg ist 2. Dienstsitz des Bundeskanzleramtes in Bonn, seit der 1. Dienstsitz in Berlin im Neubau im Spreebogen besteht.

2.4 Bundeskanzleramt in Bonn

2.4.1 Bau der Planungsgruppe Stieldorf

Aufgaben und Personal des Bundeskanzleramtes stiegen. Das Palais Schaumburg erwies sich auch mit seinen Anbauten als zu klein, um alle Bediensteten aufzunehmen.

Im Jahre 1970 stimmte der Haushaltsausschuss des Bundestages auf Vorschlag des damaligen Chefs des Bundeskanzleramtes, Horst Ehmke, einem Neubau zu. Als Bauplatz wurde das bis dahin freie Gelände der Görreswiese zwischen Palais

Bundeskanzleramt und Regierungsviertel in Bonn 1983.

Schaumburg und dem Presse- und Informationsamt der Bundesregierung festgelegt.

Den Bauwettbewerb gewann die Planungsgruppe Stieldorf mit dem Architekten Georg Pollich. Nach der Planungsphase begannen die Bauarbeiten im Oktober 1973. Am 1. Juli 1976 konnte mit dem Umzug begonnen werden.

Das Bundeskanzleramt in Bonn, gebaut von der Planungsgruppe Stieldorf, bezogen 1976.

Bis 1999 war das Bundeskanzleramt in diesem Gebäude untergebracht. Es besteht aus dem sog. Kanzlerbau und drei Abteilungsbauten, die miteinander verbunden sind. Im Kanzlerbau waren insbesondere der Kabinettsaal und die Arbeitszimmer des Bundeskanzlers und des sonstigen Leitungsbereichs untergebracht. In den Abteilungsbauten war außer den Arbeitszimmern der weiteren Mitarbeiter vor allem auch der Internationale Konferenzsaal gelegen.

2.4.2 Kanzlerbungalow

Zusätzlich wurde in den Jahren 1963 und 1964 – während der Kanzlerschaft von Ludwig Erhard – in dem Park um das Palais Schaumburg ein neues Wohn- und Empfangsgebäude errichtet, der sog. „Kanzlerbungalow". Die künstlerische Planung und Oberleitung lag bei dem Münchner Architekten Sep Ruf. Am 12. November 1964 wurde das Gebäude eingeweiht.

Es diente in der Folgezeit von Ludwig Erhard über Kurt-Georg Kiesinger und Helmut Schmidt bis Helmut Kohl allen Bundeskanzlern (außer Willy Brandt) als Bonner Wohnsitz und Empfangsgebäude für bestimmte Arbeitsessen und Besprechungen.

Der Kanzlerbungalow, erbaut 1963/64 von Sep Ruf.

2.4.3 Gästehaus Petersberg

Regierungshandeln geschieht nicht nur in Regierungsgebäuden, sondern in nicht unerheblichem Maße in einer externen Sphäre, die zu Konferenzen und Diskussionen einlädt. Dies und der Wunsch, hochrangige Staatsgäste in einer exklusiven Atmosphäre unterzubringen, die auch Sicherheitsbedürfnissen gut Rechnung trägt, waren ausschlaggebend für die Bundesregierung, im Jahre 1978 das historische Hotel Petersberg in Königswinter im Siebengebirge hoch über dem Rhein in herausragender landschaftlicher Lage zu erwerben und zu einem Gästehaus der Bundesregierung zu machen. In diesem Haus, das 1990 modern ausgebaut wurde, haben im Laufe der Jahre die Mehrzahl aller Staats- und Regierungschefs und Außenminister gewohnt und eine Vielzahl bedeutender Konferenzen stattgefunden. Auch nach dem Umzug nach Berlin wird es für Regierungszwecke genutzt und bleibt Gästehaus der Bundesregierung, auch wenn die allgemeine Nutzung im Vergleich zur Staatsnutzung zunimmt.

Gästehaus der Bundesregierung auf dem Petersberg in Königswinter bei Bonn.

2.5 Bundeskanzleramt in Berlin

Standort Spreebogen

In den Gremien des Bundestages wurde festgelegt, dass der Bundestag seinen Plenarsaal in Berlin im Gebäude des früheren Reichstags erhalten solle. Im Interesse der räumlichen Nähe wurde verabredet, dass das Bundeskanzleramt ebenfalls im Spreebogen, und zwar westlich in etwa gegenüber dem Reichstagsgebäude, seinen Neubau erhalten solle.

2.5.1 Vorläufer und Zwischenlösungen

Dienststelle in Berlin

Vor dem Einzug in den Neubau war das Bundeskanzleramt in Berlin nacheinander in verschiedenen Gebäuden präsent. Seit Herstellung der deutschen Einheit am 3. Oktober 1990 bestand eine Dienststelle in Berlin zunächst im Alten Stadthaus in der Klosterstraße (ehemals Sitz des DDR-Minister-

Ehemaliges Staatsratsgebäude am Schloßplatz.

rats), dann im ehemaligen Innenministerium der DDR in der Mauerstraße und schließlich seit 1997 im ehemaligen Staatsratsgebäude am Schloßplatz.

ehemaliges Staatsratsgebäude

Im Blick darauf, dass die Verfassungsorgane Bundestag und Bundesregierung zum 1. September 1999 förmlich ihren Sitz nach Berlin verlagerten, zog das Bundeskanzleramt am 23. August 1999 mit dem größten Teil seiner Mitarbeiter um. Als provisorisches Dienstgebäude dafür war das ehemalige Staatsratsgebäude ausgewählt worden. Das Gebäude war zwischen 1962 und 1964 als Dienstsitz des Staatsrats, des kollektiven Staatsoberhaupts der DDR, errichtet worden. Hier fanden insbesondere diplomatische Empfänge statt. Der Vorsitzende des Staatsrats hatte hier ein Büro. Nach den demokratischen Wahlen in der DDR im Frühjahr 1990 wurde die Präsidentin der Volkskammer Staatsoberhaupt der DDR; sie nahm ihren Dienstsitz in dem Gebäude. Nach Schaffung der deutschen Einheit diente das Gebäude u.a. als Dienstsitz des Bundesbauministers als Beauftrager für den Berlin-Umzug und den Bonn-Ausgleich; es war Schauplatz von städtebaulichen Wettbewerben und Ausstellungen zum Hauptstadtausbau. Nach dem Einzug des Bundeskanzleramtes hatten hier der Bundeskanzler und der engere Leitungsbereich ihre Dienstzimmer; hier fanden die Sitzungen des Bundeskabinetts statt. Die Mitarbeiter des Bundeskanzleramtes hatten ihre Büros in den südlich angrenzenden Gebäuden.

2.5.2 Der Neubau im Spreebogen

Der Neubau im Spreebogen wurde vorbereitet durch einen weltweit offenen städtebaulichen Ideenwettbewerb. Nach der politischen Entscheidung, im Spreebogen die wichtigsten Bauten der Verfassungsorgane des Bundes unterzubringen, sollte dieser Wettbewerb eine gute städtebauliche Gestaltung vorbereiten. Es wurde der bis dahin größte Wettbewerb dieser Art mit einer Beteiligung von 835 Arbeiten. Das Preisgericht vergab den 1. Preis am 18. Februar 1993 an die Berliner Architekten Axel Schultes und Charlotte Frank. Dieser Entwurf beeindruckte durch ein in Ost-West-Richtung verlaufendes gradliniges breites „Band des Bundes“, das die Bögen der Spree an mehreren Stellen und auch den früheren Grenzstrei-

„Band des Bundes“

fen überspringt und die wiedergewonnene deutsche Einheit zu symbolisieren vermag.

Zur baulichen Gestaltung des neuen Bundeskanzleramts fand Ende 1994 ein Architektenwettbewerb statt, in dem zwei Entwürfen die beiden ersten Preise zuerkannt wurden. Diese wurden in der Folgezeit überarbeitet und fortentwickelt. Nach weiteren Gesprächen mit Architekten, Historikern, Publizisten und Politikern gab Bundeskanzler Helmut Kohl auf einer Pressekonferenz in Berlin am 28. Juni 1995 die Entscheidung bekannt, dass dem einen der beiden ersten Preisträger, dem Architekturbüro Axel Schultes (mit Charlotte Frank), das bereits den städtebaulichen Wettbewerb gewonnen hatte, der Auftrag zum Neubau erteilt werde. Deren Architektur mache die Bedeutung des Bundeskanzleramtes und des Verfassungsorgans Bundesregierung in guter Weise sichtbar, ohne die Dominanz des Reichtagsgebäudes als Sitz des Parlaments in Frage zu stellen; der Entwurf strahle Selbstbewusstsein aus und sei eine gute Mischung zwischen Bescheidenheit und Würde. Erster Spatenstich war am 4. Februar 1997, Richtfest

Neubau des Bundeskanzleramtes im Spreebogen (kurz vor der Fertigstellung).

am 22. Oktober 1999. Nach Umzug im April 2001 findet die Schlüsselübergabe am 2. Mai statt.

Das Gebäude gliedert sich in den zentralen herausgehobenen Leitungsbau, in dem insbesondere das Arbeitszimmer des Bundeskanzlers und der Kabinettsaal untergebracht sind und die Abteilungsbauten, die nördlich und südlich parallel verlaufend das Gebäude einfassen. Das Zeremoniell für die Staatsgäste findet auf dem östlich gelegenen Ehrenhof statt. Dieser Platz hat mit der Eisenskulptur „Berlin“ des spanischen Bildhauers Eduardo Chillida einen zusätzlichen Akzent erhalten.

2.6 Ministeriumsgebäude früher in Bonn und nunmehr in Berlin

2.6.1 In Bonn

In Bonn waren die Ministeriumsbauten über das Stadtgebiet verteilt. Einen Schwerpunkt bildet die Adenauerallee. An ihr lag außer dem Bundeskanzleramt insbesondere das Auswärtige Amt. Weitere Schwerpunkte bildeten der Bonner Norden in Graurheindorf, das Neubaugebiet in der Rheinaue sowie Duisdorf.

1. Dienstsitze der Ministerien in Bonn

Heute konzentrieren sich die Ressorts, deren 1. Dienstsitz in Bonn verblieben ist, vor allem auf die Rheinaue (dort liegen die Bundesministerien für Bildung und Forschung, für Gesundheit und für Umwelt, Naturschutz und Reaktorsicherheit) und Duisdorf (mit den Bundesministerien für Verteidigung und für Verbraucherschutz, Ernährung und Landwirtschaft). Das Bundesministerium für wirtschaftliche Zusammenarbeit und Entwicklung wird in das bisherige Bundeskanzleramt einziehen. Es rückt damit in die Nähe von UN-Einrichtungen, die im Bereich des früheren Bundestagssitzes untergebracht werden; sie werden zur Nutzung des Internationalen Konferenzzentrums beitragen, das im früheren Plenarsaal des Bundestages geschaffen wird.

2.6.2 In Berlin

In Berlin sind mehrere bauliche Schwerpunkte der Bundesregierung gebildet worden. Einen vollständigen Neubau hat lediglich das Bundeskanzleramt erhalten. Die anderen Häuser der Bundesregierung sind in – zum Teil umgebauten, zum Teil durch Neubauten ergänzten – Altbauten untergebracht. Wichtige Schwerpunkte sind:

- Im Spreebogen ist in unmittelbarer Nähe des Bundestages das neue Bundeskanzleramt errichtet worden.
- Im Bereich von Spreeinsel und Hausvogteiplatz ist ein zweites politisches Zentrum entstanden mit Auswärtigem Amt und Bundesministerium der Justiz.
- In den Bereichen Wilhelmstraße/Leipziger Straße/Mauerstraße ist ein weiterer Ministeriumsschwerpunkt entstanden, insbesondere mit den Bundesministerien der Finanzen, für Arbeit und Sozialordnung sowie für Familie, Senioren, Frauen und Jugend; weitere Ministerien haben hier ihren 2. Dienstsitz.
- Ministeriumsstandorte sind überdies an der Invalidenstraße (Wirtschaft und Technologie sowie Verkehr, Bau- und Wohnungswesen).
- In einem Mietobjekt untergebracht ist lediglich das Bundesministerium des Innern in Moabit.

Die Ministerien, die nach dem Beschluss der Bundesregierung vom 3. Juli 1992 ihren ersten Dienstsitz in Bonn behalten, haben zweite Dienstsitze in Berlin erhalten.

3 Die rechtliche Stellung von Bundeskanzler und Bundesregierung sowie die Funktionen des Bundeskanzleramtes

3.1 Stellung des Bundeskanzlers und der Bundesregierung nach dem Grundgesetz

3.1.1 Allgemeines

Die Bundesregierung hat die Stellung eines Verfassungs- und Obersten Bundesorgans. Sie gehört im System der sog. Gewaltenteilung von Legislative, Exekutive und Judikative zur zweiten dieser Gewalten. Sie vollzieht Gesetze, soweit der Bund dafür verantwortlich ist. Vor allem aber hat die Bundesregierung staatsleitende Funktionen; ihr obliegt im Zusammenwirken mit den anderen Gewalten die politische Gestaltung von Gegenwart und Zukunft des Bundes.

Im Verhältnis der Verfassungsorgane des Bundes zueinander, insbesondere in der Beziehung Staatsoberhaupt – Regierung – Parlament hat nach dem Grundgesetz die Bundesregierung ein wesentlich stärkeres Gewicht als die frühere Reichsregierung. Dies kommt vor allem in der rechtlich stark ausgeprägten Stellung des Bundeskanzlers zum Ausdruck:

Der Bundeskanzler hat gemäß Art. 65 GG (wie der Reichskanzler gemäß Art. 56 WRV) die Richtlinienkompetenz.

Starke Rechtsstellung des Bundeskanzlers: Richtlinienkompetenz, konstruktives Misstrauensvotum, Kabinettbildungsrecht

Verstärkt wird die Stellung des Regierungschefs – gegenüber früher – in folgenden beiden Punkten:

- Der Bundestag kann dem Bundeskanzler das Misstrauen nur dadurch aussprechen, dass er mit der Mehrheit seiner Mitglieder einen Nachfolger wählt, also durch sog. konstruktives Misstrauensvotum (Art. 67 GG). Das nur destruktive Misstrauensvotum (Art. 54 WRV), das vielfach zur Instabilität von Regierungen in der Weimarer Republik beigetragen hatte, ist danach abgeschafft.

- Die Bundesminister werden auf Vorschlag des Bundeskanzlers vom Bundespräsidenten ernannt und entlassen (Art. 64 GG). Ein Zustimmungserfordernis des Bundestages zur Berufung von Bundesministern besteht also nicht. Das Kabinettbildungsrecht liegt beim Bundeskanzler. Misstrauensanträge gegen einzelne Bundesminister sind zwar politisch möglich, rechtlich aber unerheblich, selbst wenn sie eine Mehrheit erhalten sollten; der Bundestag kann also – anders als der Reichstag gemäß Art. 54 WRV – rechtlich nicht den Rücktritt eines einzelnen Mitglieds der Bundesregierung erwirken. Adressat von rechtswirksamen Misstrauensbeschlüssen des Bundestages kann nur der Bundeskanzler selbst sein.

Dies gibt dem Bundeskanzler eine starke Stellung und erhöht die Stabilität der Bundesregierung. Die Ausübung dieser Rechte in der politischen Praxis wird freilich auch geprägt von getroffenen politischen Vereinbarungen, insbesondere in Koalitionsregierungen.

Helmut Schmidt übergibt sein Arbeitszimmer im Bundeskanzleramt an Helmut Kohl nach dem konstruktiven Misstrauensvotum vom 1. Okt. 1982.

Der Bundeskanzler hat bei der Kabinettbildung eine äußerst komplizierte Aufgabe zu erfüllen: Er hat vor allem in Koalitionsregierungen insbesondere die politischen, personellen, landsmannschaftlichen Aspekte und eine Vielzahl von Einzelerwägungen auszubalancieren. Das Parlament kann sein Vertrauen oder sein etwaiges Misstrauen nur insgesamt gewähren oder versagen. Könnte es auch rechtlich wirksam Beschlüsse zur Nichternennung oder Entlassung einzelner Bundesminister fassen, so könnte es die vom Bundeskanzler geschaffene Gesamtbalance unterlaufen und die Funktionsfähigkeit der Regierung erheblich beeinträchtigen.

Zunehmende Bedeutung und zusätzliche Qualität gewinnt die Funktion der Mitglieder der Bundesregierung im europäischen Bereich: Soweit die Bundesminister durch den Europäischen Rat an der Rechtsetzung der Europäischen Union mitwirken, haben sie auch legislatorische Kompetenzen.

3.1.2 Zusammensetzung, Bildung und Auflösung der Bundesregierung

Bundeskanzler und Bundesminister bilden die Bundesregierung

Art. 62 GG bestimmt: „Die Bundesregierung besteht aus dem Bundeskanzler und den Bundesministern." Diese Regelung ist abschließend. Das bedeutet, dass z.B. Staatssekretäre nicht zur Bundesregierung gehören, d.h. in den Sitzungen der Bundesregierungen nicht stimmberechtigt sind. Allerdings können sie daran als Vertreter der Bundesminister, denen sie zugeordnet sind, oder auf Einladung des Bundeskanzlers teilnehmen. Man unterscheidet:

Stellung der Staatssekretäre

- Parlamentarische Staatssekretäre:
  Sie sind grundsätzlich Abgeordnete des Bundestages und dem Bundeskanzler oder einem Bundesminister – auch in ihrer Amtsdauer – zugeordnet. Ihnen obliegt es insbesondere, das Mitglied der Bundesregierung, dem sie zugeordnet sind, im Verhältnis zum Parlament zu unterstützen. Der Bundespräsident kann einzelnen parlamentarischen Staatssekretären das Recht verleihen, den Titel Staatsminister zu führen; davon hat er für die parlamentarischen Staatssekretäre beim Bundeskanzler und beim Bundesminister des Auswärtigen Gebrauch gemacht. Staatsminister beim Bundeskanzler müssen nicht Abgeordnete sein.

- Beamtete Staatssekretäre:
  Sie bilden die Spitze der Mitarbeiterschaft der Ministerien und leiten das Ministerium im Rahmen der politischen Vorgaben des Bundesministers. Ministeriumsintern vertreten sie auch den Minister. Wegen ihrer engen Vertrauensstellung zum Minister sind sie politische Beamte und können gemäß § 36 Bundesbeamtengesetz jederzeit in den einstweiligen Ruhestand versetzt werden.

Das Bundesministergesetz und das Gesetz über die Rechtsverhältnisse der parlamentarischen Staatssekretäre regeln rechtliche Einzelfragen; für beamtete Staatssekretäre gilt das Bundesbeamtenrecht.

Bildung der Bundesregierung

Die Bildung der Bundesregierung geschieht in zwei Abschnitten:

- Wahl des Bundeskanzlers (Art. 63 GG):
  Der Bundeskanzler wird auf Vorschlag des Bundespräsidenten vom Bundestag ohne Aussprache gewählt. Erhält der Vorgeschlagene im ersten oder – falls erforderlich – in einem weiteren Wahlgang die Mehrheit der Mitglieder des Bundestages (absolute Mehrheit; sog. Kanzlermehrheit), so muss der Bundespräsident ihn ernennen. Wird der Vorgeschlagene im zweiten Wahlgang nur mit einfacher Mehrheit gewählt, so hat der Bundespräsident entweder ihn zu ernennen oder den Bundestag aufzulösen.
- Ernennung der Bundesminister (Art. 64 GG):
  Die Bundesminister werden auf Vorschlag des Bundeskanzlers vom Bundespräsidenten ernannt und entlassen. Der Bundestag hat dabei kein formelles Mitbestimmungsrecht.

Auflösung der Bundesregierung

Die Bundesregierung als wichtigstes Organ der Exekutive mit ihrer Verwaltung besteht auf Dauer, auch wenn an ihrer politischen Spitze personelle Veränderungen eintreten.

Auch die Amtszeit der Mitglieder der Bundesregierung ist – soweit dies mit den Prinzipien der parlamentarischen Demokratie vereinbar ist – auf gewisse Dauer angelegt. Grundsätzlich bedeutet dies, dass die Mitglieder der Bundesregierung für die Dauer der Legislaturperiode im Amt bleiben; aller dings kann dieses vorzeitig durch Rücktritt oder durch Entlassung auf Antrag des Bundeskanzlers enden.

Das Amt eines Bundesministers ist zudem abhängig vom Amt des Bundeskanzlers. Es endet stets mit der Beendigung von dessen Amtszeit. Die Amtsdauer des Bundeskanzlers endet vorzeitig

- mit seinem Rücktritt oder Tod
- mit jedem Zusammentritt eines neuen Bundestages (Art. 69 Abs. 2 GG)
- durch erfolgreiches konstruktives Misstrauensvotum (Art. 67 Abs. 1 GG)
- mit Ablehnung der vom Bundeskanzler gestellten Vertrauensfrage durch den Bundestag und dessen Auflösung durch den Bundespräsidenten (Art. 68 Abs. 1, Art. 69 Abs. 2 GG)

Mit der Vertrauensfrage (Art. 68GG) kann der Bundeskanzler in die Offensive gehen und bei positivem Ausgang seine Regierung stabilisieren. Bei negativem Ausgang ist auf Vorschlag des Bundeskanzlers eine Auflösung des Deutschen Bundestages durch den Bundespräsidenten möglich. Da es kein Selbstauflösungsrecht des Bundestages gibt, ist dies unter Umständen ein Weg zu vorzeitigen Neuwahlen. Entsprechend ist nach dem negativen Votum über die Vertrauensfrage von Bundeskanzler Willy Brandt (22. April 1972) und Bundeskanzler Helmut Kohl (17. Dezember 1982) verfahren worden.

In der Geschichte der Bundesrepublik Deutschland hat ein Wechsel im Amt des Bundeskanzlers stattgefunden durch Rücktritte (1963, 1966, 1974), durch konstruktives Misstrauensvotum (1982) oder durch das Wahlergebnis (1969, 1998). Die Wahl von 1998 mit der Bildung der Regierung Gerhard Schröder hat erstmals dazu geführt, dass die Bundesregierung ausschließlich von Parteien getragen wird, die bis dahin in der Opposition waren.

3.2 Der Bundeskanzler und die Organisation der Bundesregierung

Zentrale Norm für die Rechte des Bundeskanzlers und die Organisation der Bundesregierung ist Art. 65 GG. Dieser lautet:

„Der Bundeskanzler bestimmt die Richtlinien der Politik und trägt dafür die Verantwortung. Innerhalb dieser Richtlinien leitet jeder Bundesminister seinen Geschäftsbereich selbstständig und unter eigener Verantwortung. Über Meinungsverschiedenheiten zwischen den Bundesministern entscheidet die Bundesregierung. Der Bundeskanzler leitet ihre Geschäfte nach einer von der Bundesregierung beschlossenen und vom Bundespräsidenten genehmigten Geschäftsordnung."

Im einzelnen werden Fragen der Organisation der Bundesregierung in der Geschäftsordnung der Bundesregierung und der Gemeinsamen Geschäftsordnung der Bundesministerien geregelt.

Art. 65 GG in Verbindung mit dem Geschäftsordnungsrecht bedeutet insbesondere folgendes:

3.2.1 Rechte des Bundeskanzlers

Neben dem Kabinettbildungsrecht aus Art. 64 GG, von dem eingangs dieses Kapitels bereits die Rede war, regelt und präzisiert Art. 65 GG folgende Rechte des Bundeskanzlers:

Richtlinienkompetenz:

Richtlinien: Leitgedanken der Regierungspolitik

Der Bundeskanzler bestimmt die Richtlinien der Politik und trägt dafür die Verantwortung. Nach dieser Regelung gibt er die Leitgedanken der Regierungspolitik vor. Die Richtlinien können die grundlegenden und richtungsweisenden Entscheidungen der Politik, aber auch Einzelfälle von besonderer Bedeutung betreffen. Es liegt im Wesen der Richtlinienkompetenz, dass der Bundeskanzler einen beträchtlichen politischen Spielraum darin hat, auf welche Fragen er in welcher Weise Einfluss nimmt. Ihm obliegt in weitem Maße die Bewertung, ob er einer Frage eine Bedeutung derart beimisst, dass er seine Richtlinien darauf erstreckt. So kann er z.B. Fragen, denen er eine hohe politische Bedeutung gibt, „an sich ziehen"; andererseits kann er sich zu Fragen, die für ihn diese Bedeutung nicht oder noch nicht haben, einer Äußerung enthalten und sie im Ressort belassen.

Bundesgesetzblatt Jahrgang 2001 Teil I Nr. 4, ausgegeben zu Bonn am 24. Januar 2001

Organisationserlass des Bundeskanzlers

Vom 22. Januar 2001

Gemäß § 9 der Geschäftsordnung der Bundesregierung ordne ich mit sofortiger Wirkung an:

I. Das Bundesministerium für Ernährung, Landwirtschaft und Forsten wird zu einem Bundesministerium für Verbraucherschutz, Ernährung und Landwirtschaft umgebildet.

II. Dazu werden ihm übertragen

- aus dem Geschäftsbereich des Bundesministeriums für Gesundheit die Zuständigkeiten für Verbraucherschutz (Abteilung 4) mit der Unterabteilung 41 (Lebensmittel und Bedarfsgegenstände) und der Unterabteilung 42 (Veterinärmedizin);

  ausgenommen sind die Zuständigkeiten

  - für Chemikaliensicherheit (Referat 417),
  - für die Zulassung von Tierarzneimitteln und das Berufsrecht der Veterinäre und sonstigen veterinärmedizinischen Berufe (Referat 425);
- aus dem Geschäftsbereich des Bundesministeriums für Wirtschaft und Technologie die Zuständigkeit für Verbraucherpolitik einschließlich Stiftung Warentest (Referat I B 4).

III. Das Bundesinstitut für gesundheitlichen Verbraucherschutz und Veterinärmedizin (BgVV) wird in den Geschäftsbereich des Bundesministeriums für Verbraucherschutz, Ernährung und Landwirtschaft verlagert.

IV. Die weiteren Einzelheiten des Übergangs werden zwischen den beteiligten Bundesministerien in Abstimmung mit dem Chef des Bundeskanzleramtes geregelt.

Berlin, den 22. Januar 2001

Der Bundeskanzler
Gerhard Schröder

Organisationserlass von Bundeskanzler Gerhard Schröder vom 22. Januar 2001 zur Bildung des neuen Bundesministeriums für Verbraucherschutz, Ernährung und Landwirtschaft.

Besondere Bedeutung hat die Richtlinienkompetenz bei Meinungsverschiedenheiten zwischen Bundesministern. Hier obliegt es insbesondere dem Bundeskanzler, auf die Einheitlichkeit der Haltung der Bundesregierung hinzuwirken; dies wird in § 2 GOBReg. ausdrücklich bestimmt. Die Bundesregierung als Verfassungsorgan hat insbesondere im Gesetzgebungsverfahren im Interesse der Klarheit eine einheitliche Auffassung zu vertreten; dies ist in § 28 GOBReg. und in §§ 19, 52 GGO ausdrücklich geregelt.

Richtlinien binden die Bundesminister und die Bundesregierung, aber nicht als solche auch andere Verfassungsorgane oder den Bürger.

Richtlinien des Bundeskanzlers ergehen üblicherweise formlos und werden in der Regel auch nicht als solche bezeichnet. Im Blick auf die starke verfassungsrechtliche Stellung des Bundeskanzlers und die wünschenswerte reibungslose Kooperation innerhalb der Bundesregierung haben dessen politische Leitgedanken in der Regel das ihnen zukommende Gewicht, ohne dass auf die Richtlinienkompetenz ausdrücklich Bezug genommen („gepocht") werden muss. Rechtlich kann man unterscheiden zwischen „Richtlinien im politischen Sinn" und „Richtlinien im rechtlichen Sinn". Die ersteren sind politische Leitvorgaben für die Politik der Bundesregierung; als Beispiele für solche Richtlinien des Bundeskanzlers mögen insbesondere seine Regierungserklärungen aufgeführt werden, vor allem diejenigen zu Beginn von Legislaturperioden. Davon unterschieden werden kann die oben zuletzt genannte Art von Richtlinien im engeren – rechtlichen – Sinne, auch wenn die Grenzen fließend sind und beide Arten von Richtlinien sowohl politische als auch rechtliche Bedeutung haben: Bei diesen zuletzt genannten Richtlinien trifft der Bundeskanzler konkrete Entscheidungen, z.B. zur Auflösung eines Konflikts oder zur Regelung bestimmter grundsätzlicher Fragen. Die praktische Bedeutung dieser Richtlinien hängt allerdings nicht von der Häufigkeit solcher Entscheidungen und erst recht nicht von der ausdrücklichen Bezeichnung als „Richtlinienentscheidung" ab; sie liegt vielmehr in deren „Vorwirkung", d.h. in der Möglichkeit, dass der Bundeskanzler davon Gebrauch machen kann. Ausdrücklich als Richtlinien bezeichnete Entscheidungen des Bundeskanzlers kommen demzufolge in der Praxis nur selten vor.

Insgesamt lässt sich sagen, dass die Richtlinienkompetenz aktive und originäre Politikgestaltung genauso umfasst wie eine Schiedsrichterrolle und eine Vetoposition des Bundeskanzlers.

Leitungskompetenz:

Leitung der Kabinettsitzungen

Der Bundeskanzler leitet die Geschäfte der Bundesregierung nach einer von der Bundesregierung beschlossenen Geschäftsordnung. Diese Leitungskompetenz betrifft insbesondere die Leitung der Zusammenarbeit der Bundesregierung. Diese geschieht vor allem in den Sitzungen, zu denen die Bundesregierung als Kollegium regelmäßig zusammen tritt, den Kabinettsitzungen. Dem Bundeskanzler obliegt die Leitung dieser Sitzungen. Dies setzt sorgfältige Vorbereitung voraus; dabei kommt dem Bundeskanzleramt besondere Bedeutung zu.

Bundeskanzler Gerhard Schröder eröffnet die Kabinettsitzung am 17. Mai 2000. Neben ihm: der Chef des Bundeskanzleramtes, Staatssekretär Dr. Steinmeier (2. v. r.), Staatsminister Bury (r.), Staatsminister Zöpel, AA (l.)

Organisationsgewalt:

Organisationsgewalt: Festlegung von Zahl und Zuständigkeiten der Bundesminister

Eine besondere Ausprägung der Leitungskompetenz aus Art. 65 GG und dem Kabinettbildungsrecht aus Art. 64 GG ist die Organisationsgewalt des Bundeskanzlers. Sie ist in § 9 GOB Reg. näher ausgeformt. Aus diesen Vorschriften folgt, dass der Bundeskanzler die Zahl der Bundesminister und ihre Zuständigkeitsbereiche festlegt. Es handelt sich hierbei um eine originäre Entscheidungskompetenz des Bundeskanzlers, die nicht von der Zustimmung des Bundestages abhängig ist. Sie darf und kann auch nicht durch den Gesetzgeber beeinträchtigt werden, vielmehr gehen umgekehrt Organisations akte des Bundeskanzlers kraft seiner im Verfassungsrecht wurzelnden Organisationsgewalt dem einfachen Gesetz vor; dies findet seinen Niederschlag in Art. 56 des Zuständigkeitsanpassungsgesetzes vom 20. März 1975 (BGBl. I Seite 705): Hiernach hat der Bundesminister der Justiz nach Organisationsentscheidungen des Bundeskanzlers durch Rechtsverordnung die dadurch unrichtig gewordenen Zuständigkeitsregelungen für Bundesministerien zu berichtigen.

Organisationsgewalt des Bundeskanzlers im Verhältnis zu Rechten des Parlaments

Diese Ausgestaltung des Organisationsrechts des Bundeskanzlers ist im Interesse der Funktionsfähigkeit der Bundesregierung erforderlich. Sie ermöglicht flexibles situationsangepasstes Handeln, wie es insbesondere bei neu auftretenden politischen Aufgabenstellungen oder im Falle des plötzlichen Ausscheidens eines Ministers, vor allem bei der Neubildung einer Bundesregierung zu Anfang einer Legislaturperiode, geboten sein kann. Wollte man dem Bundeskanzler hier jeweils auferlegen, vorher die Einwilligung des Parlaments einzuholen, würde dies ein sehr schwerfälliges Verfahren bedeuten, das die Arbeitsfähigkeit der Regierung und darüber hinaus die Fähigkeit staatlichen Handelns erheblich beeinträchtigen könnte. Die Rechte des Parlaments werden gleichwohl gewahrt; beim Haushaltsgesetz des nächsten Jahres, dessen Entwurf die Bundesregierung mit den neuen Organisationsstrukturen vorlegt, ist das Parlament rechtlich frei in seiner Entscheidung auch dazu.

Nach der Staatspraxis wird die Zuständigkeitsverteilung innerhalb der Bundesregierung nicht – wie in Behörden üblich – in Geschäftsverteilungsplänen festgesetzt, die in periodisch festgelegten Abständen neu aufgelegt werden. Die Organisation der Bundesregierung ist vielmehr ein seit Bestehen der Bundesrepublik Deutschland gewachsener Regelungskörper, dessen Inhalt von den jeweiligen Organisationsentscheidungen geprägt ist; dabei gehen neue Organisationsentscheidungen jeweils von dem bis dahin geschaffenen Organisationsbestand aus.

Eine Beschreibung der jeweils bestehenden Organisationsstruktur findet sich danach in folgenden Quellen:

Quellen der Organisationsstruktur der Bundesregierung

- Organisationserlasse des Bundeskanzlers;
- Geschäftsverteilungspläne der einzelnen Bundesressorts, die im Rahmen jener Organisationserlasse auf Grund des Ressortprinzips die innerministeriellen Zuständigkeiten festlegen;
- das alljährliche Haushaltsgesetz, das unter Berücksichtigung der Organisationsentscheidungen des Bundeskanzlers durch Mittelbewilligung die Aufgabenerfüllung eines Ministeriums finanziell konkretisiert oder überhaupt erst möglich macht. Für die Aufgabenabgrenzung sind dabei die Organisationserlasse des Bundeskanzlers die ausschlaggebende Rechtsquelle.

Einen Überblick über die jeweils aktuellen Aufgaben und Arbeiten der Bundesministerien enthält der vom Presse- und Informationsamt der Bundesregierung jährlich herausgegebene Jahresbericht der Bundesregierung.

3.2.2 Organisationsprinzipien der Bundesregierung

Organisation und Zusammenarbeit der Bundesregierung bestimmen sich im Kern nach folgenden drei Prinzipien:

- Kanzlerprinzip
- Ressortprinzip
- Kollegialprinzip

Kanzlerprinzip

Die dargestellte starke verfassungsrechtliche Stellung, von der in Art. 65 GG die Richtlinien- und die Leitungskompetenz erwähnt werden, ist Grund dafür, als einen die Organisation der Bundesregierung leitenden Grundsatz das Kanzlerprinzip zu bezeichnen.

Ressortprinzip

Das Ressortprinzip kommt in der Regelung zum Ausdruck, dass innerhalb der Richtlinien des Bundeskanzlers jeder Bundesminister seinen Geschäftsbereich selbständig und unter eigener Verantwortung leitet. Während es also Sache des Bundeskanzlers ist, die Leitgedanken der Regierungspolitik vorzugeben, ist es Sache des Bundesministers, die Politik konkret auszugestalten. Der Bundeskanzler kann zwar Einzelfragen an sich ziehen – jedenfalls dann, wenn er sie zu Richtlinienangelegenheiten macht –, soll aber die Ausformung der Politik bis in die Details grundsätzlich dem Ressortminister überlassen. Richtlinien- und Ressortkompetenz stehen sich also nicht hierarchisch wie in einem Weisungsstrang im Über- und Unterordnungsverhältnis gegenüber, sondern existieren nebeneinander und wirken unter unterschiedlichen Gesichtspunkten zur gemeinsamen Gestaltung von Politik mit. Dabei ist der Ressortminister nicht darauf verwiesen, Richtlinien des Bundeskanzlers abzuwarten, bevor er seine Ressortkompetenz wahrnimmt. Vielmehr ist es auch und gerade seine Sache, Konzeptionen für die Richtlinien der Politik auf seinen Gebieten zu entwickeln und sie an den Bundeskanzler oder das Kabinett heranzutragen, so dass sie zur Regierungspolitik werden können.

Ressortprinzip und Ressortverantwortung

Dieser Bedeutung des Ressortprinzips entspricht es, dass der Ressortminister auch nach außen auf seinem Gebiet die Politik der Bundesregierung vertritt. Er spricht und handelt für die Bundesregierung; er trägt die Ressortverantwortung.

Der ausgewogenen Balance zwischen Ressort- und Richtlinienkompetenz entspricht es, dass grundsätzlich alle Angelegenheiten der Politik auf die Ressortminister verteilt sind und der Bundeskanzler sich und sein Amt von Ressortaufgaben freihält. Dies ermöglicht, dass der Bundeskanzler sich auf seine eigentliche Leitungsaufgabe konzentrieren kann. Freilich kann der Bundeskanzler neben diesem Amt in Personalunion die Leitung eines Bundesressorts übernehmen. Dann muss er aber auch selbst zwischen seiner insoweit bestehenden Ressortkompetenz und seiner Richtlinienkompetenz unterscheiden; in der Geschichte der Bundesrepublik Deutschland ist eine solche Personalunion nur vorübergehenden Phasen vorbehalten geblieben, z.B.: Leitung des Auswärtigen Amtes durch Bundeskanzler Adenauer in den Anfangsjahren der Bundesrepublik Deutschland.

Bundeskanzleramt grundsätzlich ressortfrei

Aus politisch vorrangigen Gründen kann der Bundeskanzler einzelne Ressortangelegenheiten sich unmittelbar zuordnen oder dem grundsätzlich ressortfreien Bundeskanzleramt zuweisen. Eine solche Zuweisung besteht seit jeher für die Angelegenheiten des Bundesnachrichtendienstes. Dies hängt mit der spezifischen auf das Ausland gerichteten Aufklärungsaufgabe dieses Dienstes zusammen. Die Organisationsregelung zum Bundesnachrichtendienst hat zuletzt Bundeskanzler Helmut Kohl durch Organisationserlass vom 3. Mai 1989 (BGBl. I S. 901) getroffen.

Ressortaufgaben hat Bundeskanzler Gerhard Schröder durch Organisationserlass vom 27. Oktober 1998 auch insofern an sich gezogen, als er in seinem Geschäftsbereich das Amt eines Beauftragten der Bundesregierung für Angelegenheiten der Kultur und der Medien begründet hat.

Eine ressortähnliche Funktion nimmt der Bundeskanzler hinsichtlich der „Stiftung Wissenschaft und Politik“ wahr. Diese erstellt insbesondere wissenschaftliche Analysen auf dem Gebiet der Außen- und Sicherheitspolitik. Sie ist Zuwendungsempfänger des Bundes und insofern dem Bundeskanzleramt zugeordnet.

Kollegialprinzip

Kollegialprinzip bedeutet, dass bestimmte Entscheidungen innerhalb der Bundesregierung dieser als Kollegialorgan vorbehalten sind. Art. 65 Satz 3 GG erwähnt ausdrücklich nur den Fall der Meinungsverschiedenheiten. Wichtiger aber ist, dass – gemäß §15 GOBReg. – „alle Angelegenheiten von allgemeiner innen- und außenpolitischer, wirtschaftlicher, sozialer, finanzieller und kultureller Bedeutung“ der Bundesregierung zur Beratung und Beschlussfassung zu unterbreiten sind. Insofern finden sowohl die Richtlinien- als auch die Ressortkompetenz ihre Grenzen.

Zusammenwirken dieser Prinzipien

Systematisch sind die genannten drei Prinzipien zwar zu unterscheiden. In ihrer praktischen Entfaltung stehen sie aber nicht mit scharfen Konturen isoliert nebeneinander, sondern verzahnen sich in vielfältiger Weise und bilden so das flexible verfassungsrechtliche Gerüst für eine effektive Zusammenarbeit innerhalb der Bundesregierung. Elemente des Kanzlerprinzips, des Ressortprinzips und des Kollegialprinzips kommen zusammen, wenn Politik praktisch gestaltet wird.

Dabei ist die Verteilung des Schwergewichts nicht von vorneherein fest vorgezeichnet. Welches Gewicht z.B. dem Kanzlerprinzip einerseits und dem Ressortprinzip andererseits zukommt, hängt auch und vor allem von der Persönlichkeit und dem Regierungsstil der handelnden Politiker, insbesondere des Bundeskanzlers, ab. Es hat Phasen in der Geschichte der Bundesrepublik Deutschland gegeben, in denen das Kanzlerprinzip stark betont wurde und das Ressortprinzip zurücktrat. In anderen Phasen – manchmal auch unter dem selben Bundeskanzler – hatte das Ressortprinzip sehr hohes praktisches Gewicht. Dabei sind auch die politischen Kräfteverhältnisse von Bedeutung, die eine Regierung tragen. Es ist die Stärke der verfassungsrechtlichen Regelung des Grundgesetzes, hier Spielraum zu lassen und so der praktischen Politik die Möglichkeit zu geben, die jeweils möglichst beste Balance zu finden.

3.3 Funktionen des Bundeskanzleramtes

3.3.1 Im Verhältnis zum Bundeskanzler

Wichtigste Funktion des Bundeskanzleramtes ist, dem Bundeskanzler selbst zuzuarbeiten und ihn so bei der Erfüllung seiner Aufgaben zu unterstützen.

Im Vorwort zum Haushaltsplan des Bundeskanzlers und des Bundeskanzleramtes heißt es dazu:

> *„Zur Durchführung seiner Aufgaben bedient sich der Bundeskanzler des Bundeskanzleramtes, das vom Chef des Bundeskanzleramtes geleitet wird. Das Bundeskanzleramt hat den Bundeskanzler über die laufenden Fragen der allgemeinen Politik und die Arbeit in den Bundesministerien zu unterrichten. Es hat die Entscheidungen des Bundeskanzlers vorzubereiten und auf ihre Durchführung zu achten."*

Die Unterrichtungsarbeit des Bundeskanzleramtes gegenüber dem Bundeskanzler tritt neben die der Ressorts.

Gebündelte Aufbereitung von Informationen

Wegen der Fülle und der Komplexität der Informationen, die an den Bundeskanzler heranzutragen sind, hat das Bundeskanzleramt insbesondere die Arbeit der Bündelung zu leisten: Ihm obliegt es, auch ausführliche Darstellungen, die in den

Ressorts oder extern erarbeitet worden sind, so konzentriert und komprimiert zusammenzufassen und zugleich das Wesentliche herauszuarbeiten, dass der Bundeskanzler daraus rasch das für seine Arbeit Bedeutsame entnehmen kann.

Dabei darf sich das Bundeskanzleramt nicht nur auf die Aufbereitung der Informationen aus den Ressorts beschränken. Es hat zu prüfen, ob die Darstellung der Ressorts zu Ergänzungen, Änderungen oder Fragen Anlass gibt. Die Prüfung hat sich insbesondere darauf zu erstrecken, ob das Ressort die nach der Geschäftsordnung der Bundesregierung und der Gemeinsamen Geschäftsordnung der Bundesministerien erforderliche Beteiligung anderer Ressorts und von Stellen außerhalb der Bundesregierung vorgenommen hat. Soweit dabei Meinungsverschiedenheiten festgestellt wurden, hat das Bundeskanzleramt erforderlichenfalls Vorschläge zu entwickeln, wie diese überwunden oder sonst behandelt werden könnten.

Dementsprechend ist in der Hausanordnung des Bundeskanzleramtes festgelegt, dass Vorlagen an die Hausleitung grundsätzlich in die Abschnitte „Vorschlag", „Sachverhalt" und „Problematik" zu gliedern sind. Soweit Vorlagen nur der Information dienen, sollen sie einen entsprechenden Hinweis enthalten.

Politische Impulse

Bei alledem hat das Bundeskanzleramt nicht nur in den Ressorts erarbeiteten Stoff aufzubereiten, sondern auch seinerseits zu prüfen, ob zusätzliche Impulse oder auch die Entwicklung neuer Konzeptionen angebracht erscheinen. Hat es derartige Anregungen erarbeitet, wird es allerdings darauf bedacht sein, sie – je nach politischer Bedeutung – alsbald einer Entscheidung des Bundeskanzlers zuzuführen oder so darüber in ein Gespräch mit den zuständigen Ressorts einzutreten, dass diese prüfen können, ob sie sie selbst im Rahmen ihrer Ressortverantwortung aufgreifen.

Das Bundeskanzleramt wirkt außer bei der Entscheidungsvorbereitung auch bei der Umsetzung von Entscheidungen des Bundeskanzlers mit. Es hat darauf zu achten, dass – soweit es nicht selbst die Entscheidungen umsetzt – die Ressorts das Notwendige veranlassen. Erforderlichenfalls hat es den Bundeskanzler erneut zu unterrichten.

3.3.2 Im Verhältnis zum Kabinett

In § 7 GOBReg. ist bestimmt, dass der Chef des Bundeskanzleramtes „zugleich die Geschäfte eines Staatssekretärs der Bundesregierung“ wahrnimmt. Dies bedeutet, dass dem Bundeskanzleramt die Sekretariatsgeschäfte für die Bundesregierung als Kollegialorgan obliegen. Dies gilt übrigens nicht nur, wenn ein Staatssekretär, sondern auch dann, wenn ein Bundesminister an der Spitze des Amtes steht; dieser wird dann üblicherweise auch förmlich mit der Funktion eines „Staatssekretärs der Bundesregierung“ betraut. Als Sekretariat der Bundesregierung hat das Bundeskanzleramt eine gegenüber den einzelnen Bundesministerien vorwiegend neutrale, auf Konsensfindung innerhalb der Bundesregierung bedachte Funktion.

Sekretariat der Bundesregierung

3.3.3 Im Verhältnis zu den Ressorts

Das Bundeskanzleramt leitet seine Stellung von der des Bundeskanzlers ab. Es ist demnach wie dieser selbst in das Organisationsgeflecht von Kanzlerprinzip, Ressortprinzip und Kollegialprinzip eingebunden. Es ist also nicht ein „Überministerium“ gegenüber den Fachressorts. Insbesondere hat es ihnen gegenüber nicht etwa ein Weisungsrecht. Allerdings hat es durch die Nähe und die zuarbeitende Funktion zu Bundeskanzler und Kabinett eine gegenüber den Fachressorts besondere Stellung.

Für die Autorität und Funktionsfähigkeit des Verfassungsorgans Bundesregierung ist von erheblicher Bedeutung, dass Entscheidungen erarbeitet werden, die von der Gesamtheit der Bundesregierung getragen werden. Deshalb ist nach der GOBReg. (§ 2) und der Gemeinsamen Geschäftsordnung der Bundesministerien (§§ 19, 52 GGO) auf die Einheitlichkeit der Maßnahmen der Bundesregierung hinzuwirken, und zwar zu einem möglichst frühen Zeitpunkt. Dafür ist Voraussetzung eine enge Zusammenarbeit aller beteiligter Ministerien, die sich deren Sachkunde und Erfahrungen nutzbar macht. Bei dieser Zusammenarbeit kann das Bundeskanzleramt – vielleicht mehr als andere oberste Bundesbehörden – zur Konsens- und Kompromissfindung beitragen, auch wenn dies an sich und vorrangig die Aufgabe des jeweils federführenden

Koordinierende Funktion

Fachressorts ist. Damit hängt auch zusammen, dass das Bundeskanzleramt bei Meinungsverschiedenheiten zwischen Ressorts in der Regel zunächst Zurückhaltung bei der eigenen Parteinahme übt, um sich der Möglichkeit, zum geeigneten Zeitpunkt zur Kompromissfindung beizutragen, nicht vorzeitig zu begeben. Bei Meinungsverschiedenheiten mit einem Ressort ist das Bundeskanzleramt in der Regel darauf bedacht zu überzeugen, statt auf Richtlinienentscheidungen des Bundeskanzlers zu setzen.

So trägt das Bundeskanzleramt im Zusammenwirken mit den Fachressorts maßgeblich zu einer insgesamt abgestimmten Haltung der Bundesregierung bei. Insofern hat es eine wesentliche koordinierende Funktion.

3.3.4 Im Verhältnis zu Bundestag und Bundesrat

Im Gesetzgebungsverfahren: Zuleitung der Entwürfe durch Bundeskanzler

Gemäß Art. 76 GG können Gesetzentwürfe eingebracht werden von der Bundesregierung, aus der Mitte des Bundestages oder vom Bundesrat.

Gesetzentwürfe der Bundesregierung sind zunächst dem Bundesrat zur Stellungnahme zuzuleiten. Dieser kann innerhalb einer bestimmten Frist dazu Stellung nehmen. Die Bundesregierung kann dazu eine Gegenäußerung abgeben; in der Praxis ist diese Äußerung die Regel. Ihr obliegt es dann, ihren Gesetzentwurf mit der Stellungnahme und der Gegenäußerung dem Bundestag zuzuleiten. Gesetzentwürfe des Bundesrates sind zunächst der Bundesregierung vorzulegen. Sie hat den Entwurf innerhalb einer bestimmten Frist dem Bundestag zuzuleiten und soll dabei ihre Auffassung dazu darlegen.

§ 28 Abs. 1 GOBReg bestimmt dazu:

> *„Die von der Bundesregierung beschlossenen Vorlagen werden den gesetzgebenden Körperschaften durch den Bundeskanzler zugeleitet und vor ihnen durch den in der Sache zuständigen Bundesminister vertreten."*

Für die Stellungnahmen zu Gesetzentwürfen gilt grundsätzlich eine Sechs-Wochen-Frist. Aus wichtigem Grunde, insbesondere mit Rücksicht auf den Umfang einer Vorlage, kann der Bundesrat zu Gesetzentwürfen der Bundesregierung und – umgekehrt – die Bundesregierung zu Gesetzentwürfen des Bundesrates eine Fristverlängerung beantragen; dann beträgt die Frist neun Wochen. Bei Vorlagen zur Änderung des Grundgesetzes oder zur Übertragung von Hoheitsrechten nach Art. 23 oder 24 GG beträgt die Stellungnahmefrist stets neun Wochen.

Die Stellungnahmefrist für den Bundesrat zu Gesetzentwürfen der Bundesregierung könnte für jenen zu praktischen Schwierigkeiten führen, weil er in der Regel nur etwa einmal im Monat zu einer Sitzung zusammentritt. Würde die Bundesregierung ihren Gesetzentwurf stets unmittelbar nach dem Kabinettbeschluss zuleiten, so könnte sie dem Bundesrat dadurch eine bestimmte Sitzungsfolge aufdrängen. Vor diesem Hintergrund gibt es eine zwischen Bundeskanzleramt und Bundesrat abgesprochene Staatspraxis dahin, dass der Bundesrat die Bundesregierung im vorhinein über die von ihm geplanten Sitzungstermine informiert und der Bundeskanzler (vorbereitet vom Bundeskanzleramt) die Gesetzentwürfe der Bundesregierung grundsätzlich genau 6 Wochen vor der nächsten Bundesratssitzung zuleitet. So erhält der Bundesrat in aller Regel die volle Frist für die Vorbereitung seiner Stellungnahme und wird nicht zu Sondersitzungen gezwungen.

Eilbedürftige Gesetzentwürfe

Etwas anderes kann sich in Fällen besonderer Dringlichkeit ergeben: Hier kann es notwendig werden, dass Gesetzentwürfe dem Bundesrat abweichend von dem oben geschilderten Verfahren alsbald nach dem Kabinettbeschluss zugeleitet werden, so dass dem Bundesrat unter Umständen nur eine kürzere Stellungnahmefrist zur Verfügung steht, wenn er nicht eine Sondersitzung anberaumt. In der Praxis vermeidet der Bundesrat im Regelfall eine Sondersitzung; er prüft, ob er nicht eine kürzere Beratungsfrist hinnehmen kann. Solche Zuleitungsfragen werden daher in der Regel zwischen dem Vertreter des Bundeskanzleramtes und dem Ständigen Beirat des Bundesrats vorher erörtert.

Darüber hinaus haben die Bundesregierung und der Bundesrat das Recht, eine Gesetzesvorlage „als besonders eilbedürftig" zu bezeichnen; dann beträgt die Frist für die Zuleitung an den Bundestag grundsätzlich drei Wochen; dies gilt für Gesetzentwürfe der Bundesregierung, auch wenn die Stellungnahme des Bundesrates noch nicht bei ihr eingegangen ist (Art. 76 Abs. 2 GG).

Alle diese Zuleitungen bereitet das Bundeskanzleramt für den Bundeskanzler vor.

Wie am Anfang des Gesetzgebungsverfahrens, so stehen dem Bundeskanzleramt auch am Ende dieses Verfahrens beobachtende und fördernde Aufgaben zu, insbesondere Zuleitungen.

Gegenzeichnung des Gesetzes durch den Bundeskanzler

Ist ein Gesetz zustandegekommen (Beschlussfassung des Bundestages und Zustimmung oder Nicht-Einspruch seitens des Bundesrates gemäß Art. 78 GG), so wird der Bundeskanzler darüber formell durch Bundestag und Bundesrat informiert. Das Bundeskanzleramt unterrichtet alsdann hiervon das federführende Ministerium. Dieses veranlasst auf der Urschrift des Gesetzes die Gegenzeichnung durch seinen Minister und etwa weitere beteiligte Minister; dann übersendet es die Urschrift dem Bundeskanzleramt. Dieses führt die Gegenzeichnung durch den Bundeskanzler herbei und gibt die Urschrift weiter an das Bundespräsidialamt, damit dieses die Ausfertigung durch den Bundespräsidenten und die Verkündung veranlassen kann.

Vermittlungsausschuss als Konfliktlösungsmechanismus zwischen Bundestag und Bundesrat

Gibt es Meinungsverschiedenheiten zwischen Bundestag und Bundesrat zu einem Gesetz, so sieht das Grundgesetz einen besonderen Mechanismus zur Konfliktlösung vor. Erwägt der Bundesrat, zu einem zustimmungsbedürftigen Gesetz seine Zustimmung zu versagen oder zu einem nicht zustimmungsbedürftigen Gesetz Einspruch einzulegen, so kann er die „Einberufung" des Vermittlungsausschusses verlangen (Art. 77 Abs. 2 GG); dabei setzt der Einspruch ein vorausgegangenes Vermittlungsverfahren voraus. Dieser Ausschuss besteht aus je einer gleichen Anzahl von Mitgliedern des Bundestages und des Bundesrates. Er hat die Aufgabe, bei Meinungsverschiedenheiten zwischen beiden gesetzgebenden Körperschaften einen Kompromiss zu suchen; deshalb sind die darin vertretenen Mitglieder des Bundesrates – anders als im Bundesrat selbst – auch nicht an Weisungen gebunden. Handelt es sich um ein zustimmungsbedürftiges Gesetz, kann im Konfliktfall auch der Bundestag den Vermittlungsausschuss anrufen. In allen diesen Fällen ist der Bundeskanzler und die jeweils andere gesetzgebende Körperschaft über die Anrufung zu unterrichten.

Das Vermittlungsverfahren gemäß Art. 77 GG kann bei zustimmungsbedürftigen Gesetzen – außer durch den Bundesrat oder den Bundestag – auch durch ein Anrufungsbegehren der Bundesregierung ausgelöst werden. In diesem Falle unterrichtet der Bundeskanzler den Vorsitzenden des Vermittlungsausschusses über den entsprechenden Kabinettbeschluss und informiert darüber die Präsidenten des Bundestages und des Bundesrates.

Ein Vertreter des Bundeskanzleramtes im Vermittlungsausschuss

Ein Vertreter des Bundeskanzleramtes (in der Regel ein Staatsminister) ist – neben dem federführenden Bundesminister – im Vermittlungsausschuss (ohne Stimmrecht) zugegen, um zur Verständigung beizutragen und für – insbesondere generelle – Fragen der Mitglieder des Ausschusses zur Verfügung zu stehen.

Versagt letztlich der Bundesrat seine Zustimmung – bei Zustimmungsgesetzen – oder wird – bei Einspruchsgesetzen – sein Einspruch nicht vom Bundestag mit der erforderlichen Mehrheit überstimmt, so scheitert das Gesetz. Kommt dagegen – und das ist der Regelfall – nach dem Vermittlungsverfahren das Gesetz zustande, so gelten danach die gleichen Verfahrensregeln wie bei einem Gesetz ohne Vermittlungsverfahren.

Bundeskanzleramt im Verfahren gemäß Art. 113 GG

Eingeschaltet ist das Bundeskanzleramt auch in das Verfahren zur Entscheidung über die Zustimmung der Bundesregierung bei Ausgabenerhöhungen oder Einnahmeminderungen. Gesetze, welche sich auf die von der Bundesregierung vorgeschlagenen Ausgaben des Haushaltsplanes in diesem Sinne auswirken, bedürfen gemäß Art. 113 GG der Zustimmung der Bundesregierung. Die Bundesregierung kann unter bestimmten Voraussetzungen verlangen, dass der Bundestag über ein solches Gesetz seine Beschlussfassung aussetzt oder neu Beschluss fasst. Hier obliegt dem federführenden Ministerium im Benehmen mit dem Bundesministerium der Finanzen die entsprechende Prüfung. Eines dieser Ministerien kann die Bundesregierung um Entscheidung nachsuchen. Beschließt die Bundesregierung dementsprechend, so unterrichtet der Bundeskanzler die davon betroffenen Verfassungsorgane.

Dieses Verfahren, das in den § 54 GGO im einzelnen geregelt ist, wird allerdings in der Praxis nur selten angewandt. Bereits die Existenz der Rechte der Bundesregierung aus Art. 113 GG führt in der Regel dazu, dass frühzeitig in Fühlungnahme zwischen den die Regierung tragenden Fraktionen, den betroffenen Ministerien und dem Bundeskanzleramt geprüft wird, ob ausgabe- oder einnahmewirksame Ver änderungen eines Gesetzentwurfes vorgenommen werden sollen und ob diese zustimmungsfähig sind. Gibt es darüber Meinungsverschiedenheiten, so werden sie in der Regel im Vorfeld einer mündlichen Kabinettberatung beigelegt. Die Zustimmung der Bundesregierung gemäß Art. 113 GG kann deshalb dann in einem vereinfachten Verfahren unter besonderer Beteiligung des Bundesministeriums der Finanzen und des Bundeskanzleramtes eingeholt werden.

Bundeskanzleramt als Leitstelle für das Beantwortungsverfahren bei parlamentarischen Anfragen

Im Geschäftsordnungsrecht von Bundestag und Bundesregierung sind im einzelnen Verfahrensregelungen vorgesehen für verschiedene Arten parlamentarischer Fragen:

- Große Anfragen,
- Kleine Anfragen,
- Mündliche Fragen und
- Schriftliche Fragen.

Diese Arten von Fragen unterscheiden sich insbesondere nach dem Grad ihrer Ausführlichkeit, nach der Frist, innerhalb deren sie beantwortet werden sollen, und nach dem Personenkreis der Fragesteller (Fraktion oder Gruppe bei Großen und Kleinen Fragen; einzelne Abgeordnete bei Mündlichen und Schriftlichen Fragen). Insbesondere bei Mündlichen und Schriftlichen Fragen ist die Frist zur Antwort knapp bemessen: Fragen, die bis zum Freitag, 11.00 Uhr vor einer Sitzungswoche des Bundestages eingereicht sind, werden für diese Woche zur Beantwortung vorgesehen (Fragestunde im Bundestag ist regelmäßig mittwochs). Fragen von offensichtlich dringendem öffentlichen Interesse („dringliche Fragen“) sollen bereits für den Tag nach Einreichung zur Beantwortung im Bundestag vorgesehen werden. Schriftliche Fragen werden von der Bundesregierung binnen einer Woche nach Eingang beim Bundeskanzleramt beantwortet, Kleine Anfragen in der Regel innerhalb von 14 Tagen.

Dies setzt zügige Koordinierung bei der Beantwortung voraus. Dabei kommt es insbesondere darauf an, dass möglichst schnell das dafür federführende Ressort und dort der zuständige Bearbeiter gefunden wird; diesem bleiben oft nur wenige Stunden zur Vorbereitung der Antwort. Deshalb werden alle diese parlamentarischen Fragen vom Parlament dem Bundeskanzleramt zugeleitet. Dieses bildet eine Art Leitstelle für das Beantwortungsverfahren. Das Bundeskanzleramt weist die Frage dem federführenden Ressort zu und benachrichtigt zudem etwa besonders beteiligte Ressorts.

Rasche Klärung der Federführung

Bei ressortübergreifenden Fragen ist die Entscheidung über die Federführung oft nicht einfach. Hat das Bundeskanzleramt über die Zuweisung entschieden, so ist diese Zuweisung für das Ressort bindend, es sei denn, es verständigt sich mit einem anderen Ressort darüber, dass jenes die Federführung übernimmt. Diese Verpflichtung des Ressorts wurzelt in der besonderen Stellung des Bundeskanzleramtes als Behörde, die dem mit der Organisationsgewalt der Bundesregierung versehenen Bundeskanzler zugeordnet ist. Sie ist auch aus praktischen Gründen notwendig: Würde man dem Ressort, dem die Frage zugewiesen ist, eine Rückgabe der Frage oder einen längeren Zuständigkeitsstreit erlauben, so ginge wichtige Zeit für die inhaltliche Bearbeitung verloren.

Zuleitung durch Bundeskanzleramt beim Erlass von Rechtsverordnungen und allgemeinen Verwaltungsvorschriften

Gemäß Art. 80 GG können durch Gesetz die Bundesregierung, ein Bundesminister oder die Landesregierungen ermächtigt werden, Rechtsverordnungen zu erlassen. Diese Rechtsverordnungen können unter bestimmten Voraussetzungen der Zustimmung des Bundesrates bedürfen. Gemäß Art. 84 Abs. 2 und Art. 85 Abs. 2 GG kann die Bundesregierung auf bestimmten Gebieten allgemeine Verwaltungsvorschriften mit Zustimmung des Bundesrates erlassen. Rechtsverordnungen der Bundesregierung und allgemeine Verwaltungsvorschriften der Bundesregierung werden stets im Kabinett entschieden, Ministerverordnungen dagegen nur bei besonderer politischer Bedeutung.

Soweit für Verordnungen oder derartige Verwaltungsvorschriften die Zustimmung des Bundesrates erforderlich ist, geschieht die Zuleitung über das Bundeskanzleramt. Das federführende Ressort leitet dazu seine Vorlage an das Bundeskanzleramt.

Dieses prüft, ob aus rechtlichen oder politischen Gründen (etwa wegen der besonderen Bedeutung) eine Entscheidung des Kabinetts erforderlich ist. Hat das Kabinett positiv entschieden oder ist seine Befassung nicht erforderlich, so leitet das Bundeskanzleramt die Verordnung oder allgemeine Verwaltungsvorschrift der Bundesregierung dem Bundesrat zu. Hat der Bundesrat seinerseits darüber entschieden, so informiert er das Bundeskanzleramt, das dann das federführende Ministerium unterrichtet. Hat der Bundesrat der Verordnung oder der Verwaltungsvorschrift nur nach Maßgabe von Änderungen zugestimmt, so hat die Bundesregierung darüber erneut zu beschließen oder – bei Ministerverordnungen – der Minister erneut zu entscheiden. Verordnungen und allgemeine Verwaltungsvorschriften der Bundesregierung, die der Zustimmung des Bundesrates bedürfen, können erst dann verkündet werden, wenn über die Fassung völlige Einigung zwischen Bundesregierung und Bundesrat herbeigeführt ist. Dies kann zur Folge haben, dass die Vorschrift mehrfach geändert und die entsprechenden Beschlüsse zwischen Bundesregierung und Bundesrat hin- und hergeleitet werden. Entsprechend wird verfahren, wenn – wie dies in einigen Fällen geregelt ist – eine Verordnung der Zustimmung des Bundestages bedarf.

Die Einschaltung des Bundeskanzleramtes soll dazu beitragen, dass dieser Vorgang möglichst konzentriert zum Ergebnis geführt wird. Zudem entspricht dies der Bedeutung der Verfassungsorgane Bundesregierung und Bundesrat im Verhältnis zueinander.

3.3.5 Im Verhältnis zum Bundesverfassungsgericht

Bundesregierung erhält Gelegenheit zur Stellungnahme

In zahlreichen Verfahren vor dem Bundesverfassungsgericht gibt dieses der Bundesregierung Gelegenheit zur Stellungnahme. In der Regel leitet es zu diesem Zweck dem Bundeskanzleramt sein Schreiben und die bei ihm bereits eingegangenen Schriftsätze zu. Das Bundeskanzleramt bestimmt das federführende Ministerium, das dann namens der Bundesregierung eine Stellungnahme abgeben kann und – wenn erforderlich – die Bundesregierung vor dem Bundesverfassungsgericht vertritt. Gelegentlich leitet das Bundesverfassungsgericht sein Schreiben stattdessen direkt einem der Verfassungsressorts zu; dann obliegt diesem die Verteilung des Schriftstücks innerhalb der Bundesregierung und die Klärung darüber, welches Ressort federführend ist; es kann dazu auch das Bundeskanzleramt einschalten.

Bedeutung der Verfassungsressorts

An Stellungnahmen der Bundesregierung sind alle davon sachlich berührten Ministerien, stets aber die Bundesministerien des Innern und der Justiz (die sog. Verfassungsressorts) zu beteiligen. Deshalb leitet das Bundeskanzleramt diesen beiden Ressorts stets auch die Schreiben des Bundesverfassungsgerichts zu, selbst wenn sie nicht ohnehin federführend sind. Auf diese Weise wird eine einheitliche Behandlung von Streitsachen vor dem Bundesverfassungsgericht durch die Bundesregierung sichergestellt. Eine Kabinettbefassung mit solchen Streitsachen kann erforderlich werden, wenn die abzugebende Stellungnahme oder die Regelung der Vertretung der Bundesregierung dies notwendig macht (dies ist im einzelnen in den § 35 GGO geregelt).

Nach der Staatspraxis bestimmt das Bundeskanzleramt als federführendes Ressort grundsätzlich dasjenige, in dessen Geschäftsbereich die von den Antragstellern oder Klägern geltend gemachte angebliche Verfassungswidrigkeit liegt. Es sind also nicht stets die Verfassungsressorts, welche die Bundesregierung federführend von dem Bundesverfassungsgericht zu vertreten haben, sondern die Vertretung obliegt dem für die jeweilige Sachmaterie zuständigen Ressort. Dies wurzelt im Ressortprinzip und ist auch deswegen zweckmäßig, weil es erhöhte Gewähr dafür bietet, dass den fachspezifischen Besonderheiten einer Rechtsmaterie hinreichend Rechnung getragen wird. Allerdings steht es dem Bundeskanzler frei, im Einzelfall aus besonderen Gründen stattdessen eines der Verfassungsressorts mit der Vertretung der Bundesregierung vor dem Bundesverfassungsgericht zu betrauen.

3.3.6 Im sonstigen Außenverhältnis

Das Bundeskanzleramt muss zur Erfüllung seiner Aufgaben über die ganze Breite der für seine Arbeit wichtigen Informationen verfügen. Dazu muss es Kontakte unterhalten zu allen

Stellen, die ihm solche Informationen geben können. Naturgemäß bilden die Ressorts zunächst die wichtigste Informationsquelle, weil diese die fachliche Zuständigkeit für alle Bereiche der Politik haben und dafür ihrerseits über die erforderlichen Informationen verfügen müssen.

Informationsgewinnung

Das Bundeskanzleramt darf sich aber mit dem Ressortwissen nicht begnügen. Es benötigt darüber hinaus Informationen aus Bereichen außerhalb der Bundesregierung, auch um seiner eigenständigen Stellung gegenüber den Ressorts Rechnung zu tragen. Deshalb pflegt es insbesondere auch Kontakte zu den Landesregierungen, zu Verbänden, gesellschaftlichen Gruppen und Wissenschaftlern sowie insbesondere zu den politischen Parteien und ihren Fraktionen.

Petitionswesen

Externe Kontakte werden nicht nur vom Bundeskanzleramt seinerseits gepflegt. Vielmehr treten umgekehrt sehr häufig Institutionen und Personen an das Bundeskanzleramt heran, die ihm Anliegen vortragen möchten. Insbesondere wenden sich viele Privatpersonen an den Bundeskanzler und das Bundeskanzleramt. Jährlich sind dies mehrere Zehntausend. Sie wollen ihre politische Meinung zu Fragen der Politik äußern, oder sie tragen konkrete Wünsche vor und bitten dazu um Hilfe. Grundsätzlich erhalten alle Einsender eine Antwort. Soweit konkrete Bitten geäußert werden und das Bundeskanzleramt nicht selbst helfen kann oder – aus Gründen der Zuständigkeit – nicht in der Sache selbst helfen darf, leitet es die Eingabe an die zuständige Stelle weiter und unterrichtet den Einsender darüber, oder es informiert ihn, wo er sein Anliegen vortragen kann. In besonders gelagerten Fällen nimmt es direkt Kontakt mit der Stelle auf, deren Hilfe in Betracht kommt. Bei alledem kann es sich aber nicht über bestehende Zuständigkeitsregeln hinwegsetzen. Durch die konkrete Prüfung des Einzelfalls und situationsgemäßes Handeln trägt das Bundeskanzleramt dem verfassungsrechtlich in Art.17 des Grundgesetzes verankerten Petitionsrecht Rechnung.

3.4 Die Bundesministerien

3.4.1 Allgemeines

Jeder Bundesminister leitet ein Bundesministerium. Das ist der Verwaltungskörper, der ihm zur Erfüllung seiner Aufgaben zur Verfügung steht. Dies steht für Fachminister mit bestimmten Ressortaufgaben außer Frage. Aber auch Bundesminister „für besondere Aufgaben" oder „ohne Geschäftsbereich" benötigen Mitarbeiter, die ihnen bei der Erfüllung ihrer Aufgaben helfen; auch dabei handelt es sich um Bundesministerien.

Die Zahl der Bundesministerien ist nicht gesetzlich vorgeschrieben. Sie festzulegen, obliegt dem Bundeskanzler im Rahmen seiner Organisationsgewalt. Allerdings müssen bestimmte Bundesministerien kraft Verfassungsrechts bestehen; dazu gehören der Bundesminister der Finanzen (Art. 108, 112, 114 GG), der Bundesminister der Justiz (Art. 96 GG) und der Bundesminister der Verteidigung (Art. 65 a GG). Einen Bundesminister hat der Bundeskanzler zu seinem Stellvertreter zu ernennen (Art. 69 Abs. 1 GG), den sog. Vizekanzler. Er vertritt den Bundeskanzler bei förmlichen Amtsgeschäften, wenn jener verhindert ist. Dies gilt insbesondere für die Unterzeichnung von bestimmten Dokumenten, z.B. bei der Gegenzeichnung von Gesetzen und für die Leitung der Kabinettsitzungen. Die laufenden Geschäfte des Bundeskanzlers, welche diesem nicht förmlich vorbehalten sind, erledigt für ihn im Falle seiner Abwesenheit in der Regel der Chef des Bundeskanzleramtes.

Der Bundesminister trägt für alle Angelegenheiten seines Geschäftsbereichs die Ressortverantwortung. Dafür steht ihm das Bundesministerium, „sein Ressort", zur Verfügung. Neben einer Zentralabteilung und sonstigen Arbeitseinheiten für Angelegenheiten des Ressorts im Ganzen (z.B. Grundsatzangelegenheiten, Planung) verfügt jedes Ressort über Fachabteilungen für alle ihm obliegenden Fachaufgaben. Jedes Bundesministerium erstellt von Zeit zu Zeit einen detaillierten Geschäftsverteilungsplan und einen – mehr schematischen – Organisationsplan. Daraus ergibt sich die organisatorische Gliederung des Ministeriums; sie spiegelt zugleich die Aufgabenfelder wider, für die der Bundesminister Ressortverantwortung trägt.

Organisationsplan eines Bundesministeriums

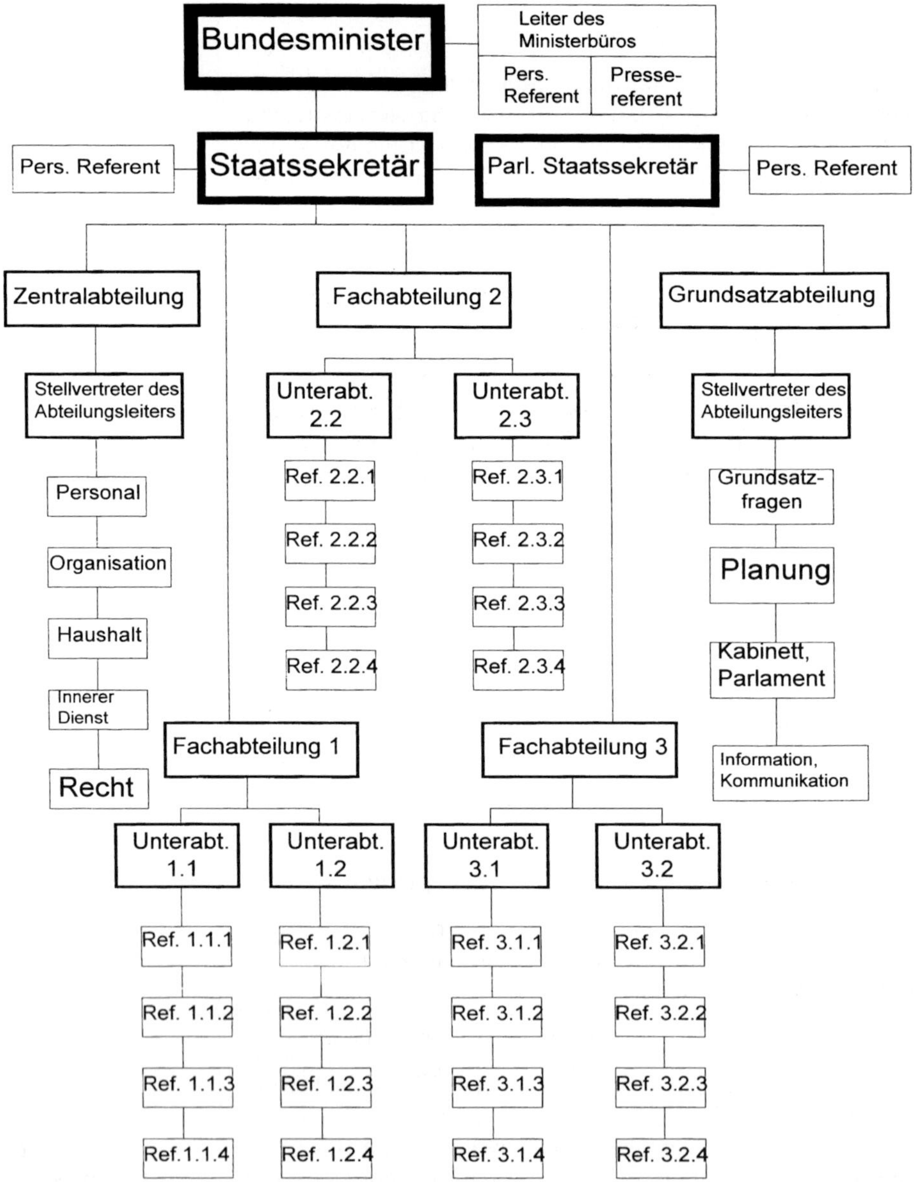

Organisationsplan eines Bundesministeriums (Schema). (Selbstfertigung).

Ministerielle Aufgabe bedeutet Bearbeitung der grundsätzlichen und besonders wichtigen Angelegenheiten, insbeson dere solche der Gesetzgebung. Mehr fachspezifische Arbeit, insbesondere einzelfallbezogene, soll grundsätzlich – soweit dies der Sache angemessen ist – auf nachgeordnete Behörden übertragen – „abgeschichtet“ – werden. Solche nachgeordneten Behörden sind rechtlich selbständig, unterstehen aber jeweils einem Bundesministerium; dieses führt die Rechts- und Fachaufsicht über jene Behörden.

Bedeutung ministerieller Tätigkeit

Im Bund-Länder-Verhältnis ist zudem zu beachten, dass Bundesgesetze grundsätzlich nicht durch den Bund, sondern die Länder ausgeführt werden (Art. 83 ff. GG).

3.4.2 Zahl der Bundesministerien und Struktur der Bundesregierung zwischen 1949 und heute

Die organisatorische Zusammensetzung der Bundesregierung hat sich im Laufe der Geschichte der Bundesrepublik Deutschland häufig geändert. Stets aber haben zur Bundesregierung sog. klassische Ressorts gehört wie:

- Bundesministerium des Innern
- Bundesministerium der Justiz
- Bundesministerium der Finanzen
- Bundesministerium für Wirtschaft

(die beiden letzten waren allerdings in den Jahren 1971/72 zusammengeschlossen).

Darüber hinaus gehörten stets der Bundesregierung an:

- Ein Bundesministerium für u.a. Landwirtschaft
- Ein Bundesministerium für Arbeit und Sozialordnung
- Ein Bundesministerium für u.a. Verkehr

Seit 1951 hat auch stets ein Auswärtiges Amt bestanden. Dieses wurde bis 1955 in Personalunion von Bundeskanzler Konrad Adenauer geleitet.

Heutige Struktur der Bundesregierung

Die Zahl der Bundesministerien hat zwischen 13 (erstes Kabinett Konrad Adenauer ab 1949) und 21 (Kabinett Ludwig Erhard 1964 bis 1966) geschwankt; lediglich kurz nach der deutschen Wiedervereinigung im Jahre 1990 gab es für einige Wochen durch die Berufung einiger Bundesminister für besondere Aufgaben aus dem beigetretenen Teil Deutschlands eine höhere Zahl. Bei dieser Auflistung sind jeweils die Bundesministerien für besondere Aufgaben mitgezählt. Gegenwärtig (in der 14. Legislaturperiode seit Oktober 1998) gehören dem Kabinett Gerhard Schröder folgende 14 Ressorts an:

- Bundesministerium des Auswärtigen (AA)
- Bundesministerium des Innern (BMI)
- Bundesministerium der Justiz (BMJ)
- Bundesministerium der Finanzen (BMF)
- Bundesministerium für Wirtschaft und Technologie (BMWi)
- Bundesministerium für Verbraucherschutz, Ernährung und Landwirtschaft (BMVEL)
- Bundesministerium für Arbeit und Sozialordnung (BMA)
- Bundesministerium der Verteidigung (BMVg)
- Bundesministerium für Familie, Senioren, Frauen und Jugend (BMFSFJ)
- Bundesministerium für Gesundheit (BMG)
- Bundesministerium für Verkehr, Bau- und Wohnungswesen (BMVBW)
- Bundesministerium für Umwelt, Naturschutz und Reaktorsicherheit (BMU)
- Bundesministerium für Bildung und Forschung (BMBF)
- Bundesministerium für wirtschaftliche Zusammenarbeit und Entwicklung (BMZ)

3.4.3 Reformüberlegungen und wesentliche Veränderungen

Zahl und Struktur der Bundesministerien fallen im internationalen Vergleich nicht erheblich aus dem Rahmen; allerdings ist die Zahl der Bundesministerien geringer als in den meisten vergleichbaren Staaten. Gleichwohl waren sie von Zeit zu Zeit Gegenstand von Reformüberlegungen.

Projektgruppe für Regierungs- und Verwaltungsreform

Hervorzuheben ist die Arbeit der Projektgruppe für Regierungs- und Verwaltungsreform beim Bundesministerium des Innern. Sie war am 25. September 1968 eingesetzt worden und legte im August 1969 einen Ersten Bericht zur Reform der Struktur von Bundesregierung und Bundesverwaltung vor.

Darin entwickelte sie mehrere Modelle zur Reduzierung und Strukturveränderung der im Jahre 1969 vorhandenen 19 Ressorts und schlug vor, daraus 12 oder 13 neugeschnittene Ministerien zu machen. Der Bericht wurde zwar nicht in vollem Umfang umgesetzt, fand aber immerhin Eingang in die Überlegungen zur Neustrukturierung der Bundesregierung nach der Bundestagswahl von 1969: Im ersten Kabinett Willy Brandt wurde die Zahl der Bundesministerien von 19 auf 15 gesenkt; dabei entfielen – Vorschläge der Projektgruppe aufgreifend – z.B. das Bundesschatzministerium, das Bundesministerium für Vertriebene, Flüchtlinge und Kriegsgeschädigte sowie das für Angelegenheiten des Bundesrates und der Länder.

Weitere Berichte der Projektgruppe Regierungs- und Verwaltungsreform beim Bundesminister des Innern befassten sich mit der Auslagerung von Aufgaben aus den Bundesministerien (Bericht vom Februar 1972) sowie mit Grundfragen der politischen Planung im Bereich der Bundesregierung, der inneren Organisation der Bundesministerien, der Neuabgrenzung der Geschäftsbereiche sowie der Zentralisierung und interministeriellen Zusammenarbeit (Dritter Bericht vom November 1972). Diese Berichte enthielten Denkanstöße zur weiteren Straffung der Regierungsarbeit, vermochten aber die politische Praxis nur in begrenztem Maße zu beeinflussen.

In der Folgezeit wurde verschiedentlich die Struktur der Bundesregierung verändert. Politisch bedeutsam waren insbesondere in den 80er und 90er Jahren die Schaffung des Bundesministeriums für Umwelt, Naturschutz und Reaktorsicherheit (1986) nach der Reaktorkatastrophe von Tschernobyl, die Neugliederung in den Bereichen der Gesundheits-, Familien-, Frauen- und Jugendpolitik durch Aufspaltung des bis dahin bestehenden Bundesministeriums für Jugend, Familie, Frauen und Gesundheit (1991) sowie die Verkleinerung des Kabinetts im Jahre 1994 durch die Zusammenlegungen im Bereich von BMFSFJ und BMBF.

Wesentliche Strukturveränderungen der 14. Legislaturperiode betrafen die Zusammenlegung des Verkehrs- mit dem Bauministerium, die Aufwertung des Finanzministeriums durch Übertragung von Europakompetenzen, die Schaffung einer eigenen obersten Bundesbehörde unter dem Bundeskanzler für Kultur und Medien (jeweils 1998) sowie die Bildung eines Ministeriums mit dem Schwerpunkt Verbraucherschutz (2001).

Aufwand und Ertrag von Organisationsreformen abwägen

Überlegungen zur Reform der Regierungsorganisation werden von Zeit zu Zeit immer wieder diskutiert, Mitte der 90er Jahre insbesondere unter dem Stichwort „Schlanker Staat", mit dem Blick auf die Umzugsplanung Berlin/Bonn und angesichts der Stellenkürzungen im Haushalt. Das nach dem Regierungswechsel 1998 konzipierte Programm „Moderner Staat – Moderne Verwaltung" gibt weitere Impulse für eine leistungsstarke und kostengünstige Verwaltung. Dies ist zu begrüßen, denn Organisation darf nicht erstarren, sondern muss auf Grund aktueller Gegebenheiten immer wieder überprüft werden. Dabei sollten auch Zahl und Struktur der Bundesministerien sowie Möglichkeiten der Verkleinerung von Behörden und vor allem der Abschichtung von Aufgaben aus dem ministeriellen in den nachgeordneten Bereich auf den Prüfstand gestellt werden. Bei solchen Prüfungen wird aber jeweils auch Aufwand und Ertrag derartiger Organisationsreformen gegenüberzustellen und abzuwägen sein. Der Stellenwert organisatorischer Reformen auf dem Weg zur Verbesserung politischer Arbeit bedarf nüchterner Prüfung. Fällt die Einschätzung positiv aus, ist allerdings rasches Handeln geboten.

3.4.4 Struktur nach Herstellung der deutschen Einheit 1990 und den Hauptstadtentscheidungen für Berlin

Organisationsüberlegungen besonderer Art wurden nach Wiederherstellung der deutschen Einheit am 3. Oktober 1990 erforderlich. Der politischen Notwendigkeit, auch Politiker aus der früheren DDR bereits nach dem 3. Oktober 1990 und vor der Neubildung der Bundesregierung nach der Bundestagswahl vom 2. Dezember 1990 in die Bundesregierung aufzunehmen, trug Bundeskanzler Helmut Kohl durch Berufung von fünf Bundesministern für besondere Aufgaben Rechnung. Bei der nächsten Neubildung der Bundesregierung wurden dann auch Politiker aus den neuen Bundesländern mit Ressortministerien betraut.

Weitreichende Organisationsfragen ergaben sich nach den Hauptstadtentscheidungen für Berlin:

Bundestagsbeschluss vom 20. Juni 1991

Durch den Einigungsvertrag wurde Berlin zur Hauptstadt Deutschlands bestimmt und festgelegt, dass über die Frage des Sitzes von Parlament und Regierung gesondert entschieden werde. Diese Entscheidung traf der Deutsche Bundestag am 20. Juni 1991. Dieser Beschluss hatte insbesondere folgende für die Organisation der Bundesregierung wichtige Elemente:

- Der Bundestag nimmt seinen Sitz in Berlin;
- die volle Funktionsfähigkeit Berlins als Parlaments- und Regierungssitz soll in spätestens 10 bis 12 Jahren erreicht sein;
- die Bundesregierung soll geeignete Maßnahmen treffen, um ihrer Verantwortung gegenüber dem Parlament in Berlin nachzukommen, und ihre politische Präsenz in Berlin dadurch sichern, dass der „Kernbereich der Regierungsfunktionen" in Berlin angesiedelt wird;
- zwischen Berlin und Bonn soll eine faire Arbeitsteilung vereinbart werden, so dass Bonn auch nach dem Umzug des Parlaments nach Berlin Verwaltungszentrum der Bundesrepublik Deutschland bleibt, indem insbesondere die Bereiche in den Ministerien und die Teile der Regierung, die primär verwaltenden Charakter haben, ihren Sitz in Bonn behalten; dadurch soll der größte Teil der Arbeitsplätze in Bonn erhalten bleiben.

Folgebeschlüsse der Bundesregierung

Die Bundesregierung prüfte in der Folgezeit, wie die in diesem Beschluss an sie geäußerten verschiedenartigen Erwartungen erfüllt werden könnten. Darauf beschloss sie in zwei Sitzungen noch im Jahre 1991 und letztlich in ihrer Sitzung am 3. Juni 1992 das sog. Kombinationsmodell. Dieses hat – unter Berücksichtigung der Organisationsveränderungen nach der Regierungsbildungen von 1994 und 1998 – im wesentlichen folgende Elemente:

- die Bundesregierung als Verfassungsorgan nimmt ihren Sitz in Berlin;
- von Bonn aus werden entsprechend dem Beschluss des Bundestages vom 20. Juni 1991 weiterhin Politikbereiche wahrgenommen;

- neben dem Bundeskanzleramt und dem Presse- und Informationsamt der Bundesregierung sind folgende 8 Ressorts nach Berlin verlagert: AA, BMI, BMJ, BMF, BMWi, BMA, BMFSFJ, BMVBW. Sie haben einen zweiten Dienstsitz in Bonn erhalten;
- die übrigen 6 Ressorts verbleiben in Bonn im Blick darauf, dass dort folgende Politikbereiche gebildet werden:
  - Bildung und Wissenschaft, Kultur, Forschung und Technologie, Telekommunikation
  - Umwelt und Gesundheit
  - Ernährung, Landwirtschaft und Forsten
  - Entwicklungspolitik, nationales und internationales Nord-Süd-Zentrum
  - Verteidigung

Für diese Ressorts sind zweite Dienstsitze in Berlin eingerichtet.

Das Berlin-Bonn-Gesetz vom 26. April 1994 schreibt die gefassten Beschlüsse fest, soweit dem nicht durch die Organisationsgewalt des Bundeskanzlers verfassungsrechtliche Grenzen gesetzt sind.

3.4.5 Beauftragte

Die Bundesministerien umfassen die Zuständigkeiten für alle Bereiche der Politik. Es gibt kein politisches Thema, für das kein Ressort zuständig wäre. Bei Unklarheiten und neu aufkommenden Fragen muss durch Ressortabstimmung oder notfalls durch Organisationsentscheidung des Bundeskanzlers Klarheit geschaffen werden.

Dennoch gibt es einzelne politische Themen, für deren besondere Betreuung Beauftragte eingesetzt werden. Deren rechtliche und organisatorische Regelung kann sehr unterschiedlich sein.

Mögliche Rechtsgrundlagen für Beauftragte

Rechtsgrundlagen für solche Beauftragte können z.B. sein:

- Gesetz oder Verordnung
- Beschluss von Bundestag oder Bundesregierung
- Erlass des Bundeskanzlers oder eines Bundesministers
- Internationaler Vertrag

Der Beauftragte kann bestellt worden sein durch den Bundestag, die Bundesregierung oder ein Mitglied der Bundesregierung. Je nachdem kann der Adressat, dem gegenüber der Beauftragte verantwortlich ist, unterschiedlich sein.

Beispiele

Bekannte Beispiele sind etwa

- der Bundesbeauftragte für den Datenschutz: Es wird gewählt vom Bundestag (früher wurde er bestellt von der Bundesregierung), ist organisatorisch dem BMI angegliedert und hat regelmäßige Berichtspflichten gegenüber dem Bundestag.
- die Beauftragte für Ausländerfragen: Sie ist bestellt durch Beschluss der Bundesregierung, ressortiert beim BMA und kann Berichtspflichten vom Bundestag erhalten; dies kann aber nicht die Bundesregierung, der die Beauftragte zugeordnet ist, von ihrer Verantwortung gegenüber dem Bundestag entbinden.

Verantwortung der Bundesregierung wahren

Sinn der Schaffung dieser Beauftragten ist es, bestimmten politischen Themen besondere Akzente zu vermitteln, insbesondere auch Gruppen, Institutionen und Personen, auf welche die Tätigkeit der Beauftragten sich bezieht, einen zusätzlichen Ansprechpartner zu geben. Die Einrichtung von Beauftragten kann aber nicht die eigenständige Verantwortung der Bundesregierung, insbesondere auch nicht gegenüber dem Parlament, beeinträchtigen. Die Politik der Bundesregierung wird geprägt von dieser selbst, nicht aber – z.B. im Streitfall – von den Beauftragten. Allerdings können und sollen Beauftragte auf ihrem Arbeitsfeld Denkanstöße geben, die zur vertieften Erörterung und Prüfung dieser Angelegenheit Anlass geben können. Soweit Beauftragte bei der Bundesregierung ressortieren, haben sie dabei im Rahmen der für sie jeweils bestehenden Regelungen Loyalitätspflichten zu wahren.

Die wichtigsten Beauftragten der Bundesregierung und Bundesbeauftragten sind in Anlage 3 zu den §§ 21, 45 Abs. 2 GGO aufgelistet. Soweit ihre Aufgaben von Vorhaben der Bundesregierung berührt sind, hat die Regierung sie zu beteiligen.

3.5 Kabinettsitzungen

3.5.1 Bedeutung, Ablauf, Abstimmungsverhalten, Vertraulichkeit

Als Kabinettsitzungen bezeichnet man die Sitzungen der Bundesregierung als Kollegialorgan. Sie finden grundsätzlich wöchentlich, in der Regel am Mittwoch-Vormittag, statt.

Soweit im Grundgesetz die Bezeichnung „Bundesregierung" vorkommt, ist zumeist das Verfassungsorgan Bundesregierung als Kollegium gemeint. Angesichts der eigenständigen Verantwortung der Bundesminister nach dem Ressortprinzip kann aber auch ausreichend sein, dass für die Bundesregierung durch den dafür zuständigen Bundesminister gehandelt wird. Was im Einzelfall gemeint ist, wird durch Auslegung zu ermitteln sein. Vor diesem Hintergrund ist wichtig, dass im Geschäftsordnungsrecht Klarheit darüber geschaffen wird, womit sich die Bundesregierung als Kollegialorgan zu befassen hat.

Dem Kabinett sind zu unterbreiten alle Angelegenheiten von allgemeiner politischer Bedeutung

Dies geschieht durch § 15 GOBReg. Danach sind der Bundesregierung als Kollegialorgan zur Beratung und Beschlussfassung zu unterbreiten alle Angelegenheiten von allgemeiner innen- und außenpolitischer, wirtschaftlicher, sozialer, finanzieller oder kultureller Bedeutung. Dazu gehören insbesondere

- alle Gesetzentwürfe;
- alle Entwürfe von Verordnungen der Bundesregierung;
- sonstige Verordnungsentwürfe, wenn sie von besonderer politischer Bedeutung sind;
- die Stellungnahme des Bundesrates zu den Vorlagen der Bundesregierung;
- alle Angelegenheiten, für welche Grundgesetz oder Gesetz dies vorschreiben;
- Meinungsverschiedenheiten zwischen verschiedenen Bundesministern.

Außerdem sind ihr bestimmte bedeutsame Personalangelegenheiten zu unterbreiten.

Indem die Vorschrift als sog. Generalklausel primär auf die allgemeine politische Bedeutung einer Angelegenheit abstellt, unterstreicht sie die Tagesordnungs-Hoheit des Bundeskanzlers (und in dessen Auftrag des Chefs des Bundeskanzleramtes). Was hinreichend wichtig (und hinreichend vorbereitet) zur Erörterung im Kabinett ist und deshalb auf die Tagesordnung gesetzt wird, obliegt der Entscheidung des Regierungschefs.

Üblicherweise geschieht die Behandlung einer Angelegenheit im Kabinett auf der Grundlage einer Kabinettvorlage des federführenden Ministers. Dies gilt insbesondere dann, wenn nicht nur erörtert oder zur Kenntnis genommen, sondern ein konkreter Beschluss gefasst werden soll. Unerlässlich ist eine Kabinettvorlage, wenn über den Entwurf eines Gesetzes oder einer Verordnung der Bundesregierung Beschluss gefasst werden soll.

Kabinettsitzung am 5. Juli 2000 im ehemaligen Staatsratsgebäude.

Die Kabinettsitzung wird geleitet vom Bundeskanzler. Ist dieser verhindert, liegt der Vorsitz bei dessen Stellvertreter, dem sog. Vizekanzler, oder – ist auch dieser verhindert – bei einem vom Bundeskanzler bestimmten Bundesminister oder – wird eine solche Bestimmung nicht getroffen – bei dem Bundesminister, der am längsten der Bundesregierung angehört.

Teilnehmer an der Kabinettsitzung

An der Sitzung nehmen nach der Geschäftsordnung der Bundesregierung außerdem teil:

- die Bundesminister;
- der Chef des Bundeskanzleramtes (auch wenn er nicht Bundesminister ist);
- der oder die Staatsminister beim Bundeskanzler;
- der Chef des Bundespräsidialamtes;
- der Chef des Presse- und Informationsamtes der Bundesregierung;
- der persönliche Referent des Bundeskanzlers (in der Praxis stattdessen üblich: Teilnahme der Leiterin / des Leiters des Kanzlerbüros);
- der Schriftführer.

Die genannten Personen können sich vertreten lassen. Jeder Bundesminister kann einen beamteten oder parlamentarischen Staatssekretär zu seinem Vertreter bestimmen; dieser kann allerdings nur für ihn sprechen, nicht für ihn stimmen. Zu den in der GOBReg. genannten Teilnehmern kommen nach ständiger Praxis hinzu die Abteilungsleiter des Bundeskanzleramtes, der Stellvertretende Regierungssprecher und der für Europafragen zuständige Staatsminister im AA. Im Einzelfall kann ein Bundesminister einen Fachbeamten zu einem einzelnen Tagesordnungspunkt hinzuziehen, wenn damit der Vorsitzende (oder – in seinem Auftrag – der Chef des Bundeskanzleramtes) einverstanden ist. Insgesamt steht die Berechtigung jedes Teilnehmers, der nicht der Bundesregierung angehört, unter dem Vorbehalt der Zustimmung des Bundeskanzlers; er kann sogar die Sitzung auf die Bundesminister beschränken.

Der Chef des Bundespräsidialamtes ist der einzige regelmäßige Teilnehmer, der nicht der Bundesregierung zuzuordnen ist. Sein Teilnahmerecht ist Ausdruck des Bestrebens des Grundgesetzes und der Geschäftsordnung der Bundesregierung, dass der Bundespräsident laufend über die Arbeit der Bundesregierung unterrichtet wird.

Gäste bei Kabinettsitzungen

Der Bundeskanzler hat die Möglichkeit, über diesen Kreis der regelmäßigen Teilnehmer hinaus Gäste zu den Kabinettsitzungen einzuladen. Von praktischer Bedeutung ist dies insbesondere für die Vorsitzenden der die Bundesregierung tragenden Fraktionen. Stehen zum Beispiel Tagesordnungspunkte von besonderer politischer Bedeutung an, bei denen es für die Bundesregierung sehr wichtig ist, sich frühzeitig zu vergewissern, ob für ihr Vorhaben hinreichende Aussicht auf die erforderliche Mehrheit im Bundestag besteht, so bittet der Bundeskanzler unter Umständen die Vorsitzenden der Koalitions-Fraktionen und gelegentlich auch ausgewählte Fraktionsexperten zu der Kabinettsitzung hinzu und gibt ihnen darin Gelegenheit zur Stellungnahme. Häufig geschieht dies zum Beispiel in der Kabinettsitzung, in der über den Haushaltsentwurf der Bundesregierung beraten wird, weil üblicherweise die parlamentarische Beratung des Haushalts zur Generalaussprache über die Politik der Bundesregierung benutzt wird. Oft wird der Präsident der Bundesbank zu dieser Sitzung gebeten, weil seine Einschätzung von besonderer Wichtigkeit für die Beurteilung der finanzpolitischen Voraussetzungen ist, von denen der Entwurf des Haushaltsgesetzes ausgeht. Dies alles ist keine Durchbrechung des Grundsatzes der Gewaltenteilung, sondern Ausdruck der konstruktiven Kooperation der staatlichen Gewalten. Denn in einer solchen Sitzung werden nicht etwa – rechtlich – organübergreifende Beschlüsse gefasst, sondern jeder Teilnehmer einer solchen Sitzung tritt dort kraft seiner eigenen staatlichen Verantwortung auf und kann die Meinungsbildung der anderen fördern.

Ablauf der Kabinettsitzung

Die Tagesordnung beginnt üblicherweise mit den sog. TOP-1-Punkten. Das sind Entwürfe von Gesetzen, Verordnungen, Stellungnahmen oder Berichten der Bundesregierung sowie von Antworten auf Große Anfragen aus dem Bundestag, die zwar der Beschlussfassung, nicht aber einer mündlichen Aussprache im Kabinett bedürfen. In der Regel handelt es sich dabei um Vorhaben, die nicht von herausragender politischer Bedeutung sind. Erhebt auch nur ein Bundesminister Einwände gegen die Behandlung eines Entwurfs auf der TOP-1-Liste, so wird dieser Entwurf abgesetzt und gesondert auf die Tages-

TOP-1-Liste

ordnung gesetzt. Dieses vereinfachte Verfahren erleichtert die Vorbereitung der nicht federführenden Bundesminister zu der jeweiligen Angelegenheit, weil sie im Blick auf die der Kabinettsitzung vorangegangenen Prüfung und den dort erzielten Konsens nicht mehr mit einer Sach-, sondern allenfalls einer Verfahrenserörterung rechnen müssen. Zugleich stellt es aber sicher, dass eine mündliche Erörterung nach erneuter Prüfung und Vorbereitung stattfindet, wenn auch nur ein Bundesminister gegen das TOP-1-Listen-Verfahren Einwände erhebt. Diesem TOP-1-Listen-Verfahren liegt der Gedanke zugrunde, dass eine Überfrachtung des Kabinetts vermieden und Freiraum für die Erörterung besonders wichtiger Angelegenheiten geschaffen werden soll.

Ordentliche Tagesordnung

Danach folgen die einzelnen Tagesordnungspunkte, die für eine mündliche Erörterung im Kabinett vorgesehen sind. Dabei handelt es sich insbesondere um Entwürfe von Gesetzen. Ein weiterer regelmäßiger Tagesordnungspunkt betrifft üblicherweise die Personalangelegenheiten, welche der Kabinettbefassung bedürfen. Darüber hinaus stehen regelmäßig die Punkte „Europapolitische Fragen“, „Internationale Lage“ und „Bundestag/Bundesrat“ (dies in den Wochen, in denen entsprechende Sitzungen stattfinden) auf der Tagesordnung. Nach dem Regierungswechsel 1998 ist ein turnusmäßiger Tagesordnungspunkt geschaffen worden mit dem Titel „Berichte aus den Ressorts; kurz- und mittelfristig bedeutsame Vorhaben“; er soll dazu dienen, dass Vorüberlegungen zu einem Vorhaben frühzeitig im Kabinett zur Sprache kommen und dort intern diskutiert werden können, ehe es zu – unter Umständen unabgestimmten – öffentlichen Äußerungen kommt. Unter dem Tagesordnungspunkt „Verschiedenes“ werden Fragen behandelt, die aus aktuellem Anlass besondere politische Bedeutung erlangt haben. Hier kann es sich insbesondere auch um Fragen handeln, zu denen noch keine abgestimmte Meinung der Bundesregierung gebildet ist. Dazu wird in der Regel keine schriftliche Kabinettvorlage unterbreitet, sondern mündlich vorgetragen und aufgrund dessen beraten.

Zum Abstimmungsverhalten

Die Beschlussfassung im Kabinett geschieht in aller Regel einvernehmlich. Dabei bedarf es für die Zustimmung zu einer Kabinettvorlage nicht einer ausdrücklichen Erklärung. Viel mehr wird das Einvernehmen zu einer Kabinettvorlage ausdrücklich oder sinngemäß festgestellt, wenn sich kein ausdrücklicher Widerspruch erhebt, und dieses Ergebnis im Kabinettprotokoll festgehalten. Dieser bewährte Brauch findet seine Grundlage in der vorangegangenen intensiven Beratung der Vorlage im Ressortkreis, bei der alle Anregungen und Einwände zur Sprache gebracht werden konnten und so in die Meinungsbildung zu der Kabinettvorlage einbezogen wurden. Diese Handhabung entspricht den parlamentarischen Gepflogenheiten, wo ebenfalls eine Beschlussfassung festgestellt werden kann, wenn sich kein Widerspruch erhoben hat. Die Vorlage wird in aller Regel von allen Ressorts mitgetragen; frühere etwaige Meinungsverschiedenheiten sind grundsätzlich vor Fertigstellung der Kabinettvorlage beigelegt. Damit wird dem auch von der GOBReg vorgegebenen Ziel, zu einer einheitlichen Meinung der Bundesregierung zu gelangen, Rechnung getragen.

Ist eine Meinungsverschiedenheit ausnahmsweise vor der Kabinettsitzung nicht beigelegt, so finden die Kabinettsteilnehmer den Sach- und Streitstand in der Kabinettvorlage dargestellt, so dass darüber entschieden werden kann.

Grundsatz: Einheitlichkeit der Meinungsbildung

Die Einheitlichkeit der Meinungsbildung im Kabinett ist auch und gerade in Koalitionsregierungen von besonderer Bedeutung. Dabei wird der Konsens in koalitionspolitisch relevanten Fragen in der Regel nicht erst im Kabinett, sondern in vorausgegangenen Gesprächen zwischen den Koalitionspartnern zu suchen sein.

Vor diesem Hintergrund sind kontroverse Abstimmungen im Kabinett sehr selten. Gelegentlich kommt es allerdings vor, dass ein oder mehrere Bundesminister gewisse Bedenken, die sie noch nicht ausgeräumt sehen, im Kabinett zu Protokoll geben. Auch diese Minister sind dann aber an den Kabinettbeschluss gebunden und haben ihn im Außenverhältnis mit zu vertreten.

Stimmberechtigt im Kabinett sind nur die Mitglieder der Bundesregierung, also der Bundeskanzler und die Bundesminister. Jeder von ihnen hat eine Stimme. Lässt sich ein Bundesminister von einem Staatssekretär vertreten, so kann dieser für ihn sprechen, aber nicht an seiner Stelle abstimmen. Der Beitrag des Staatssekretärs fällt dann zwar nicht rechtlich (bei einer etwaigen kontroversen Abstimmung), aber immerhin politisch ins Gewicht.

Kommt es (ausnahmsweise) zu einer streitigen Abstimmung, so ist für das Zustandekommen eines Beschlusses Stimmenmehrheit erforderlich und bei Stimmengleichheit die Stimme des Vorsitzenden ausschlaggebend (§24 GOBReg).

Besondere Rechte einzelner Bundesminister

Die Bundesminister haben im Kabinett grundsätzlich gleiche Rechte. Allerdings haben einzelne Bundesminister wegen ihrer Aufgabe eine herausgehobene Rechtsstellung:

BMF

Dies gilt für den Bundesminister der Finanzen in Fragen von finanzieller Bedeutung (§ 26 Abs. 1 GOBReg). Beschließt die Bundesregierung hier gegen oder ohne seine Stimme, so kann er Widerspruch einlegen. Geschieht dies, so kann die Bundesregierung nicht in derselben, sondern erst in einer weiteren Sitzung darüber abstimmen. Die Maßnahme, welcher der Bundesminister der Finanzen widersprochen hat, muss unterbleiben, wenn nicht in der neuen Sitzung in Anwesenheit des Bundesministers der Finanzen die Mehrheit des Kabinetts die Maßnahme beschließt und der Bundeskanzler mit der Mehrheit stimmt. Man kann hier von einem sog. „suspensiven Vetorecht" sprechen.

„Suspensives Vetorecht"

BMI, BMJ

Ein ähnliches Recht haben die Bundesminister der Justiz und des Innern gegen einen Gesetz- oder Verordnungsentwurf oder gegen sonstige Maßnahmen der Bundesregierung, wenn sie wegen Unvereinbarkeit mit geltendem Recht Widerspruch erheben. Von besonderer Bedeutung ist dies für die Verfassungsmäßigkeit von Entwürfen. Die Verfassungsressorts BMI und BMJ haben hier eine herausgehobene Mitprüfungsverantwortung. Das Recht aus §26 GOBReg. unterstreicht diese Verantwortung. Erheben die Verfassungsressorts Widerspruch nach dieser Vorschrift, wird dem in aller Regel gefolgt. Im Blick auf diese ihrem Widerspruch zukommende Bedeutung prüfen die Verfassungsressorts sorgfältig, ob er erforderlich ist oder sie sich bei verbleibenden verfassungsrechtlichen Zweifeln auf den Hinweis auf ein sog. „verfassungsrechtliches Restrisiko" beschränken können.

BMF SFJ

Ein vergleichbares, aber nicht abwehrendes sondern förderndes Recht hat die Bundesministerin für Familie, Senioren, Frauen und Jugend in Angelegenheiten von frauenpolitischer

Bedeutung (§ 15 a GOBReg). Ihr steht ein Initiativrecht dahin zu, dass derartige Angelegenheiten auf ihr Verlangen der Bundesregierung zur Beratung und Beschlussfassung unterbreitet werden müssen, auch wenn sie zum Geschäftsbereich eines anderen Bundesministers gehören. Zudem kann die Bundesministerin für Frauen Absetzung eines Punktes von der Tagesordnung verlangen, wenn es sich um eine frauenpolitische Angelegenheit von besonderer Tragweite handelt und sie bei der Vorbereitung nicht hinreichend beteiligt worden ist, es sei denn, dass der Bundeskanzler die sofortige Beratung für erforderlich hält.

Diese herausgehobenen Rechte entfalten in der politischen Praxis ihre Wirkung nicht so sehr durch häufige Anwendung, sondern bereits durch ihre Existenz. Jeder Bundesminister wird darauf bedacht sein, möglichst Situationen zu vermeiden, welche die genannten Minister zur Ausübung ihres Rechts veranlassen könnten. Es ist also gerade die präventive Wirkung, in der die besondere Stellung der genannten Bundesminister zum Ausdruck kommt.

Vertraulichkeit der Kabinettsitzungen

Die Sitzungen der Bundesregierung sind vertraulich. Insbesondere sind Mitteilungen über Ausführungen einzelner Bundesminister, über das Stimmenverhältnis oder über den Inhalt der Niederschrift ohne besondere Ermächtigung des Bundeskanzlers unzulässig. Diese Regelung (§ 22 Abs. 3 GOBReg) sichert die Offenheit und Freimütigkeit der Aussprache im Kabinett. Sie ermöglicht dem einzelnen Kabinettmitglied, offen und kontrovers zu diskutieren, insbesondere bei einer Frage, zu der die Bundesregierung sich noch keine abgestimmte Meinung gebildet hat, um Mehrheit für eine vielleicht zunächst noch von einer Minderheit vertretene Auffassung zu werben, einer beabsichtigten Entscheidung zunächst zu widersprechen, sie aber letztlich doch im Interesse der Einheitlichkeit der Bundesregierung nach außen mitzutragen. All dies muss möglich sein, wenn fundierte Entscheidungen getroffen werden sollen. Dies setzt aber voraus, dass solche Meinungsäußerungen vor späterer ungewollter öffentlicher Preisgabe oder gar Ausforschung durch Dritte geschützt sind.

Die Vertraulichkeit der Kabinettsitzungen (das sog. „Kabinett-Geheimnis“) gehört zur Funktionsfähigkeit des Verfassungs-

Kernbereich exekutiver Eigenverantwortung

organs Bundesregierung und wurzelt verfassungsrechtlich im Gewaltenteilungsgrundsatz. Das Bundesverfassungsgericht hat hier einen „Kernbereich exekutiver Eigenverantwortung" anerkannt, der auch der Ausforschung durch einen parlamentarischen Untersuchungsausschuss nicht zugänglich ist. Dies gilt insbesondere für laufende Regierungsgeschäfte (keine „Mitregierung" des Parlaments), aber in begrenztem Maße auch für abgeschlossene Geschäfte, denn wenn ein Minister später – auch wenn der Vorgang abgeschlossen ist – mit Offenlegung seiner Meinungsäußerung gegen den Willen der Regierung rechnen müsste, würde sich das bereits gegenwärtig auf seine Bereitschaft zur freimütigen Meinungsäußerung auswirken.

Die gleichen Erwägungen müssen grundsätzlich im Verhältnis der Exekutive gegenüber der Judikative gelten, zumal auch dort Dritten die Information zugänglich zu machen wäre.

Das Zustimmungserfordernis durch den Bundeskanzler sichert die gebotene Geheimhaltung in dem erforderlichen Maße. Allerdings kann man davon ausgehen, dass der Bundeskanzler von der ihm vorbehaltenen Ermächtigung sinngemäß in gewissem Umfang Gebrauch gemacht hat: So können die Regierungsmitglieder und der Regierungssprecher als ermächtigt angesehen werden, nicht nur die Ergebnisse der Kabinettsitzung, sondern auch das aus der Diskussion im Kabinett öffentlich mitzuteilen, was zur Erläuterung der getroffenen Entscheidung wichtig ist, aber die Freimütigkeit der Meinungsäußerung einzelner Kabinettmitglieder nicht berührt. Auch können alle Teilnehmer der Kabinettsitzung als ermächtigt angesehen werden, über Verlauf und Ergebnisse der Kabinettsitzung Dritte insoweit zu unterrichten, als dies zur korrekten Umsetzung der Kabinettentscheidung wichtig ist; dabei kann sich für den Dritten seinerseits eine Geheimhaltungsverpflichtung ergeben.

3.5.2 Umlaufverfahren/TOP-1-Listen-Verfahren

Gemäß § 20 Abs. 2 GOBReg soll die Zustimmung der Mitglieder der Bundesregierung auf schriftlichem Wege eingeholt werden, wenn die mündliche Beratung einer Angelegenheit nicht erforderlich ist (sog. Umlaufverfahren). Von dieser Möglichkeit ist seit der Weimarer Republik, in deren Geschäftsordnungsrecht diese Möglichkeit auch bereits vorgesehen war, bis in die 80er Jahre der Bundesrepublik Deutschland sehr häufig Gebrauch gemacht worden. Der Grund bestand darin, die Kabinettsitzungen möglichst nicht mit Angelegenheiten zu befrachten, deren mündliche Erörterung nicht erforderlich war. Mitte der 80er Jahre wurde das sog. TOP-1-Listen-Verfahren eingeführt, wonach derartige Angelegenheiten in der oben dargestellten pauschalierten Form in die Tagesordnung der Kabinettsitzungen aufgenommen werden.

Grund: rasche Entscheidungen notwendig

Dennoch bleibt das Umlaufverfahren von gewisser Bedeutung. Manchmal muss eine Entscheidung zwischen zwei Kabinettsitzungen getroffen werden, ohne dass der Aufwand für eine Sondersitzung des Kabinetts gerechtfertigt wäre. Die Anforderungen an ein zulässiges Umlaufverfahren sind durch Beschluss des Bundesverfassungsgerichts vom 11. Oktober 1994 verschärft worden. Danach ist auf die persönliche Befassung der Mitglieder der Bundesregierung abzustellen und deren bloßes „Verschweigen" irrelevant. Das Verfahren vollzieht sich seitdem wie folgt:

Der Chef des Bundeskanzleramtes leitet das Umlaufverfahren ein, indem er die Mitglieder der Bundesregierung auffordert mitzuteilen, ob dem Gegenstand der Kabinettvorlage zugestimmt wird. Zugleich setzt er für diese Mitteilung eine Frist und weist darauf hin, dass die Beschlussfassung im Umlaufverfahren unterbleibt, falls ein Mitglied der Bundesregierung innerhalb der Frist Widerspruch erhebt. Sofern kein Mitglied der Bundesregierung Widerspruch erhebt, kommt ein wirksamer Beschluss zustande, wenn mindestens die Hälfte der Mitglieder der Bundesregierung persönlich an dem Umlaufverfahren durch eine Willensbekundung teilnimmt und davon die erforderliche Mehrheit dem Beschluss zustimmt. Nach Fristablauf stellt der Chef des Bundeskanzleramtes fest, ob sich die erforderliche Zahl der Mitglieder der Bundesregierung an dem Umlaufverfahren beteiligt und ob der Beschlussvorschlag die notwendige Mehrheit gefunden hat; über das Ergebnis unterrichtet er die Mitglieder der Bundesregierung.

3.5.3 Vorbereitung der Kabinettsitzungen

Den einzelnen Tagesordnungspunkten liegt in der Regel eine Kabinettvorlage des federführenden Ressorts zugrunde.

Ressort fertigt Kabinettvorlage

Es ist Aufgabe der Ressorts, diese Vorlage so vorzubereiten, dass dabei alle für die Beurteilung der Materie wesentlichen Gesichtspunkte einbezogen werden. Bei einem Gesetzgebungsvorhaben hat das Ressort insbesondere die Bundesländer und die von der Materie betroffenen Verbände zu beteiligen. Die Einzelheiten des Verfahrens zur Vorbereitung eines Gesetzentwurfes sind in der Gemeinsamen Geschäftsordnung der Bundesministerien geregelt. Insbesondere hat das federführende Ressort seinen Entwurf mit den anderen Ressorts abzustimmen. Abstimmung bedeutet, dass es deren Sachverstand einzubeziehen und auf die Erlangung einer gemeinsamen Auffassung hinzuwirken hat.

Gelingt eine einvernehmliche Haltung zwischen den Ressorts zunächst nicht, so obliegt es den Ressorts, die Verständigung auf höherer hierarchischer Ebene zu suchen. Basiseinheit der Arbeit in einem Ministerium ist in der Regel das Referat. Auf der Referatsebene werden im Normalfall zunächst die Gespräche zwischen den Ressorts geführt. Gelingt auf dieser Ebene die Einigung nicht, so ist sie auf der Ebene der Unterabteilungsleiter oder der Abteilungsleiter, notfalls auf der Ebene der Staatssekretäre zu suchen. Je höher die hierarchische Ebene ist, auf der die offen gebliebenen Fragen ausgeräumt werden, desto mehr fließen übergreifende, auch politische Erwägungen in die Meinungsbildung ein. Dies ist auch notwendig, weil letztlich eine von der gesamten Bundesregierung getragene Haltung gefunden werden muss.

Erforderlichenfalls: Persönlicher Verständigungsversuch der Bundesminister

Gelingt auf Beamtenebene eine Verständigung nicht, so hat ein persönlicher Verständigungsversuch der Bundesminister stattzufinden. Dies schreibt § 17 GOBReg vor, weil der Bundeskanzler und das Gesamtkabinett erwarten können, dass vor der Kabinettbefassung alles Mögliche ausgeschöpft worden ist, um zu einer einvernehmlichen Haltung zu gelangen.

Eine Ressortvorlage ist erst dann „kabinettreif“, wenn die Ressortgespräche abgeschlossen sind, also zum Einvernehmen über alle Punkte geführt haben oder trotz persönlichem Verständigungsversuch der Bundesminister in einzelnen Punkten streitig geblieben sind. Im letzten Falle obliegt es dem federführenden Ressort, den Streitstand in der Kabinettvorlage kurz darzustellen, damit sich auch die anderen Mitglieder der Bundesregierung dazu eine Meinung bilden können. In jedem Fall hat das federführende Ressort mitzuteilen, zu welchem Ergebnis die erforderliche Abstimmung mit den beteiligten Ressorts geführt hat.

Beteiligung der Bundesländer

Für den Erfolg eines Gesetzgebungsverfahrens von großer Bedeutung sein kann die Haltung der Bundesländer. Deshalb muss vor der Kabinettvorlage deren Haltung ermittelt werden und geklärt sein, ob und gegebenenfalls warum ein Gesetzentwurf das Zustimmungserfordernis des Bundesrats auslöst. Weiter muss im Bereich der konkurrierenden Gesetzgebung und der Rahmengesetzgebung geklärt sein, worin das Bedürfnis für eine bundesgesetzliche Regelung besteht (Art. 72 Abs. 2, Art. 75 Abs. 2 GG).

Beteiligung von Fachkreisen, Verbänden, insbesondere kommunalen Spitzenverbänden

Neben den Ländern sind gesondert die Kommunen zu beteiligen, indem den kommunalen Spitzenverbänden Gelegenheit zur Stellungnahme gegeben wird. Die Beteiligung von Ländern und kommunalen Spitzenverbänden geschieht nicht nur dadurch, dass ihnen der Entwurf einer Gesetzesvorlage frühzeitig zugeleitet wird, wenn ihre Belange berührt sind (§ 47 GGO), sondern bereits im Vorfeld: Gemäß § 41 GGO soll bereits bei der Vorbereitung solcher Gesetzesvorlagen deren Interesse ermittelt werden.

Neben Ländern und kommunalen Spitzenverbänden sind auch Fachkreise und Verbände, die auf Bundesebene bestehen, frühzeitig zu beteiligen (§ 47 Abs. 3 GGO).

Wesentliche Ergebnisse der Beteiligung sollen in der Kabinettvorlage erwähnt werden.

Gesetzesfolgenabschätzung

Bei Gesetzesvorlagen ist es insbesondere wichtig, Zielsetzung und Notwendigkeit des Gesetzes (§ 43 Abs. 1 Nr. 1 GGO) sowie die Gesetzesfolgen (§ 43 Abs. 1 Nr. 5, § 44 GGO) herauszuarbeiten. Zu den Gesetzesfolgen gehören beabsichtigte Wirkungen, aber auch unbeabsichtigte Nebenwirkungen; insbesondere gehören dazu die Auswirkungen auf die Einnahmen und Ausgaben der öffentlichen Haushalte einschließlich der voraussichtlichen vollzugsbedingten Auswirkungen. Dies gilt nicht nur für die Haushalte von Bund, Ländern und Gemeinden, sondern auch für die Kosten der Wirtschaft. Die Ergebnisse dieser Prüfungen sind in der Begründung einer Gesetzesvorlage darzustellen.

Rechtsförmlichkeitsprüfung

Bei Gesetzesvorlagen hat eine Rechtsförmlichkeitsprüfung stattzufinden. Dazu ist die Vorlage zuvor dem Bundesministerium der Justiz zur Prüfung zuzuleiten. Hierdurch soll nicht die fachliche Zuständigkeit des betreffenden Ressorts beeinträchtigt werden, sondern die rechtliche Unangreifbarkeit und die rechtsförmliche Einheitlichkeit der Bundesgesetzgebung gewährleistet werden. Die Durchführung der Rechtsförmlichkeitsprüfung erfordert Gründlichkeit, darf aber nicht zu unvertretbaren Verzögerungen bei der Vorlage des Entwurfs an das Kabinett führen; notfalls muss sie nachgeholt werden.

Kabinettvorlagen

Die Beschlüsse der Bundesregierungen werden regelmäßig durch schriftliche Kabinettvorlagen vorbereitet. Diese enthalten insbesondere die wesentlichen Ergebnisse der vorgenannten Beteiligungen und der voraussichtlichen Auswirkungen (§ 22 GGO). Gesetzesvorlagen werden dem Kabinett durch ein gesondertes Anschreiben der Leitung des federführenden Ressorts übermittelt (§ 51 GGO); darin werden auch wichtige Mitteilungen gemacht, die nicht in den Gesetzentwurf selbst gehören, z.B. zu abweichenden Meinungen der am Gesetzgebungsverfahren Beteiligten, aber auch z.B. zur Frage der Zustimmungsbedürftigkeit.

Die Kabinettvorlage soll mindestens eine Woche vor der Kabinettsitzung im Bundeskanzleramt eingehen, damit dieses entsprechend die Tagesordnung vorbereiten kann und die anderen Ressorts die Vorlage prüfen können (§ 23 GGO).

Einschaltung des Bundeskanzleramtes

Das Bundeskanzleramt ist in die Vorbereitung von Kabinettvorlagen in zweierlei Hinsicht eingeschaltet:

Zum einen hat es den Meinungsbildungsprozess der Ressorts zur Erarbeitung der Kabinettvorlage zu begleiten. Es obliegt den Ressorts, frühzeitig gerade das Bundeskanzleramt in seine Überlegungen insbesondere zur Erarbeitung eines Gesetzentwurfes einzubeziehen, damit bereits in diesem Stadium möglichst Klarheit besteht oder geschaffen werden kann, ob und inwieweit ein Vorhaben im Einklang mit der Regierungspolitik insgesamt steht. Am Schriftwechsel der Ressorts und an den Ressortbesprechungen wird das Bundeskanzleramt in der Regel zumindest nachrichtlich beteiligt, damit es sich unterrichtet halten und sich in wichtigen Phasen der Ressortgespräche einschalten kann. Seine Aufgaben bestehen dabei insbesondere darin,

- auf den Einklang der Ressortüberlegungen mit Richtlinien des Bundeskanzlers und mit der Gesamtpolitik der Bundesregierung zu achten und
- mit auf die Erreichung einer einheitlichen Meinung der Ressorts hinzuwirken, vor allem um das Kabinett von nachrangigen Problemen freizuhalten.

Zum anderen hat das Bundeskanzleramt im unmittelbaren Vorfeld der Kabinettbehandlung darauf zu achten, dass die Kabinettvorlage alle förmlichen Voraussetzungen erfüllt und die Angelegenheit so aufbereitet, dass sie der Erörterung im Kabinett zugänglich ist. Man spricht hier vom Erfordernis der „Kabinettreife“. Fehlt es an einer oder mehreren dieser Voraussetzungen, so hat das Bundeskanzleramt das federführende Ressort zur Nachbesserung anzuhalten. In besonders gelagerten Fällen kann auch aus höherrangigen politischen Gründen auf die Einhaltung bestimmter Förmlichkeiten verzichtet werden, z.B. auf die Wochenfrist zwischen Vorlage und Behandlung der Kabinettvorlage im Kabinett; auch kann bei besonderer Eilbedürftigkeit unter Umständen der Abschluss der Rechtsförmlichkeitsprüfung bis nach der Kabinettsitzung zurückgestellt werden.

Ziel: Abgestimmte Kabinettvorlage

Insbesondere hat das Bundeskanzleramt darauf zu achten, dass alles Erforderliche unternommen worden ist, um offengebliebene Meinungsverschiedenheiten zwischen den Ressorts auszuräumen. Ist der in der GOBReg vorgeschriebene persönliche Verständigungsversuch vergeblich geblieben, so ist das Bundeskanzleramt noch nicht gehalten, die Angelegenheit auf die Tagesordnung des Kabinetts zu setzen. Dem Bundeskanzler steht es z.B. frei, vor der Kabinettbehandlung noch ein gesondertes Ministergespräch der beteiligten Bundesminister – sei es unter seinem eigenen Vorsitz oder unter dem

Vorsitz des Chefs des Bundeskanzleramtes oder eines fachlich betroffenen Bundesministers – anzuberaumen. Sein Ziel wird es stets sein, das Gesamtkabinett möglichst von Meinungsverschiedenheiten freizuhalten, die nicht der Erörterung im Kreis aller Bundesminister bedürfen.

Insgesamt ist hervorzuheben, dass der Bundeskanzler – oder für ihn der Chef des Bundeskanzleramtes – die Tagesordnungshoheit für die Kabinettsitzungen hat. Kein Bundesminister hat einen Rechtsanspruch auf die Behandlung einer bestimmten Sache im Kabinett. Die Entscheidung darüber, ob die Sache auf die Tagesordnung gesetzt wird, liegt beim Bundeskanzler; ebenso kann er auch eine bereits aufgesetzte Sache wieder absetzen. Freilich wird er in aller Regel von diesem Recht nur in einer die Ressortverantwortung des zuständigen Fachministers respektierenden Weise Gebrauch machen. Dabei lässt er sich grundsätzlich durch Vorlagen des Bundeskanzleramtes beraten.

Staatssekretärs-Besprechung zur Vorbereitung der Kabinettsitzung

Ein wichtiges Instrument zur Vorbereitung der Kabinettsitzung im Bundeskanzleramt ist die turnusmäßig etwa 2 Tage davor stattfindende Besprechung der beamteten Staatssekretäre der Ressorts. In dieser Besprechung werden insbesondere alle Tagesordnungspunkte des Kabinetts vorerörtert, um Klarheit darüber zu gewinnen, inwiefern sich im Kabinett Erörterungsbedarf ergeben kann. So kann ggfs. sichergestellt wer den, dass diese Erörterung noch in der erforderlichen Weise vorbereitet wird. Ergeben sich im Vorfeld des Kabinetts noch Meinungsverschiedenheiten der Ressorts, so kann insbesondere durch den Chef des Bundeskanzleramtes auf deren Beilegung hingewirkt werden. In begründeten Ausnahmefällen können Ressorts in diesen Sitzungen auch noch weitere Punkte für die Kabinettsitzung anmelden.

Wegen der Bedeutung dieser Sitzung zur Vorbereitung der Kabinettsitzung wird sie vom Chef des Bundeskanzleramtes geleitet.

3.5.4 Nachbereitung der Kabinettsitzungen

Es obliegt allen Ressorts, im Rahmen ihrer jeweiligen Zuständigkeit die Beschlüsse des Kabinetts umzusetzen. Dies gilt für die von den Ressorts vorbereiteten Beschlüsse wie auch für diejenigen, die aus der Aussprache im Kabinett heraus zusätzlich gefasst worden sind. Nicht selten nimmt der Bundeskanzler die Behandlung einer bestimmten Angelegenheit im Kabinett zum Anlass, darüber hinausgehende Aufträge zu erteilen, weil die für das Kabinett bereits aufbereitete Angelegenheit nur Teil eines größeren komplexen Gesamtzusammenhangs ist, zu dem weitere Regierungsarbeit desselben oder eines anderen Ressorts zu leisten ist. Hier kommt dem Bundeskanzleramt die Aufgabe zu, darauf zu achten, dass diese Aufträge erfüllt werden.

Darüber hinaus hat das Bundeskanzleramt bestimmte förmliche Aufgaben im Anschluss an die Kabinettsitzung zu erfüllen; das gilt vor allem im Gesetzgebungsverfahren: Hat das Kabinett einen förmlichen Beschluss zu einem Gesetzentwurf gefasst, so leitet der Bundeskanzler den Beschluss der jeweils zuständigen gesetzgebenden Körperschaft zu. Entsprechend Art. 76 ff. GG sind Gesetzentwürfe der Bundesregierung dem Bundesrat, Stellungnahmen zu Gesetzentwürfen des Bundesrates und Gegenäußerungen zu Stellungnahmen des Bundesrates dem Bundestag zuzuleiten. Die Zuleitungsschreiben des Bundeskanzlers hat das Bundeskanzleramt vorzubereiten.

3.6 Kabinettausschüsse und sonstige Koordinierungsgremien

Koordinierung: Zusammenführung aller wesentlichen Aspekte einer Angelegenheit zu einem in sich geschlossenen Ergebnis

Möglichst reibungslose effektive Zusammenarbeit innerhalb der Bundesregierung setzt gute Koordinierung voraus. Insbesondere bei komplexen ressortübergreifenden Problemen hängt wirksame politische Gestaltung von möglichst guter Koordinierung ab. Dabei bedeutet Koordinierung Zusammenführung aller wesentlichen Aspekte einer Angelegenheiten zu einem in sich geschlossenen Ergebnis. Diese Koordinierung geschieht in sehr unterschiedlicher Weise. Im Regelfall wird sie geleistet vom federführenden Bundesminister, der in die Vorbereitung der ihm obliegenden Ressortentscheidung die Beiträge aller anderen betroffenen Ministerien einbezieht. Bei besonders komplexen oder politisch prioritären Problemen wird die Koordinierung vom Bundeskanzler oder vom Chef des Bundeskanzleramtes übernommen. Diese Koordinierung kann geschehen durch schriftlichen Austausch von Stellungnahmen oder durch Besprechungen. Hervorhebenswert sind folgende Koordinierungsorgane:

3.6.1 Kabinettausschüsse

Kabinettausschüsse sind bestimmte Gremien zur ressortübergreifenden Koordinierung, die auf Dauer angelegt sind und eine gewisse organisatorische Verfestigung erfahren haben. Ihre Arbeitsweise ist in Rahmenregelungen für den Geschäftsablauf der Kabinettausschüsse der Bundesregierung normiert, die durch Kabinettbeschlüsse vom 31. Januar 1973 und 2. September 1974 geschaffen wurden und später aktualisiert worden sind. Gegenwärtig bestehen folgende Kabinettausschüsse:

- Bundessicherheitsrat,
- Kabinettausschuss Neue Länder,
- Kabinettausschuss für den Jahreswirtschaftsbericht (Gesetz zur Förderung der Stabilität und des Wachstums der Wirtschaft – StWG)
- Kabinettausschuss für Zukunftstechnologien,
- Kabinettausschuss für Umwelt und Gesundheit.

Zuordnung zum Gesamtkabinett

Vorsitzender der Kabinettausschüsse ist der Bundeskanzler. Die Geschäfte der Kabinettausschüsse werden vom Bundeskanzleramt geführt. Die Zuordnung der Kabinettausschüsse zum Gesamtkabinett und nicht so sehr zum federführenden Minister kommt auch darin zum Ausdruck, dass Stellvertretender Vorsitzender der Stellvertreter des Bundeskanzlers (der sog. Vizekanzler) ist. Erst die dann nächst bedeutsame Rolle im Kabinettausschuss kommt dem federführenden Minister zu; nach den Rahmenregelungen ist er „Beauftragter Vorsitzender“; er führt im Falle der Verhinderung von Bundeskanzler und Vizekanzler den Vorsitz. Ihm obliegt die Erarbeitung der Kabinettausschussvorlagen.

Kabinettausschüsse bilden – anders als z.B. Parlamentsausschüsse – keine notwendige oder auch nur regelmäßige Vorstufe zur Beratung im Gesamtkabinett. Sie haben auch keine rechtlich eigenständige Beschlusskompetenz. Ihre Bedeutung liegt vielmehr darin, solche wichtigen ressortübergreifenden Angelegenheiten zu behandeln, für deren Erörterung es einerseits nicht des Gesamtkabinetts bedarf und für die andererseits wegen deren Komplexität zeitlich ein Beratungsbedarf besteht, dem in der wöchentlichen Kabinettsitzung nicht hinreichend Rechnung getragen werden kann. Die praktische Bedeutung der Kabinettausschüsse liegt insbesondere darin, dass sie dem federführenden Bundesminister Klarheit darüber vermitteln können, dass und wie die von ihm zu treffende politische Entscheidung von den mitbetroffenen und in dem Kabinettausschuss vertretenen Mitgliedern der Bundesregierung mitgetragen wird. In der politischen Praxis hat sich vor allem der Bundessicherheitsrat bewährt, bei dem politisch besonders bedeutsame, oft geheimhaltungsbedürftige Aspekte aus Verteidigungs- und Außenpolitik mit Gesichtspunkten des Wirtschafts- (insbesondere des Außenwirtschafts-) Rechts zusammenzuführen sind und dabei finanzielle und rechtliche Belange intensiver Prüfung bedürfen.

Bundessicherheitsrat

Von besonderer Bedeutung ist auch der Kabinettausschuss Neue Länder; durch ihn führt die Bundesregierung seit 1998 gemeinsame Sitzungen mit Kabinetten der neuen Länder durch. Er dient der vertieften Erörterung von Fragen auf dem Weg zur Vollendung der deutschen Einheit und im Verhältnis zu den neuen Ländern. Praktische Bedeutung hat überdies der Kabinettausschuss für den Jahreswirtschaftsbericht; dieser Bericht ist jährlich von der Bundesregierung vorzulegen und wird politisch im Kabinettausschuss vorberaten.

Neue Länder

Jahreswirtschaftsbericht

3.6.2 Staatssekretärsausschüsse

Staatssekretärsausschüsse können förmlich durch Beschluss des Bundeskabinetts oder der Runde der beamteten Staatssekretäre eingesetzt werden. Es steht den Staatssekretären der Bundesregierung aber frei, auch ohne eine solche förmliche Beschlussfassung regelmäßige Treffen zu vereinbaren.

Soweit festzustellen, bestehen noch zwei Staatssekretärsausschüsse fort, die durch förmlichen Kabinettbeschluss (er datiert vom 4. Dezember 1969) eingesetzt worden waren, deren Zusammensetzung sich allerdings entsprechend den politischen Erfordernissen verändert hat:

Europafragen

- Staatssekretärsausschuss für Europafragen:
  Den Vorsitz führt regelmäßig ein Staatsminister beim Bun-

desminister des Auswärtigen. Dem Ausschuss gehören darüber hinaus neben Vertretern des Bundeskanzleramtes an beamtete oder parlamentarische Staatssekretäre insbesondere aus den Ressorts, die Schwerpunkt- oder Querschnittaufgaben in der Europapolitik erfüllen (z.B. BMWi, BMF, BMI, BMJ, BMVEL) sowie die Ressorts, die von der jeweils zu erörternden Sachmaterie betroffen sind.

Geheimes Nachrichtenwesen

- Staatssekretärsausschuss für Fragen des geheimen Nachrichtenwesens und der Sicherheit:
  Den Vorsitz führt der Chef des Bundeskanzleramtes, weil er der Beauftragte für die Nachrichtendienste ist. Dem Ausschuss gehören an: AA, BMI, BMJ, BMVg.

In der 14. Wahlperiode wurden u.a. eingerichtet Staatssekretärsausschüsse „Neue Länder“, „Moderner Staat – Moderne Verwaltung“ und „Nachhaltige Entwicklung“.

Vorbereitung des Kabinetts

Von großer praktischer Bedeutung ist das regelmäßige Treffen aller beamteten Staatssekretäre unter dem Vorsitz des Chefs des Bundeskanzleramtes, das die Sitzungen des Bundeskabinetts vorbereitet. Es findet meist zwei Tage vor der Kabinettsitzung statt.

Weitere regelmäßige Treffen auf Staatssekretärs-Ebene finden unter dem Vorsitz des Beauftragten für die Nachrichtendienste statt. Er lädt turnusmäßig die Chefs der Nachrichtendienste des Bundes und die Staatssekretäre der Bundesministerien, in deren Geschäftsbereich die Nachrichtendienste ressortieren, zu Besprechungen ein; hinzutreten dabei regelmäßig ein Staatssekretär des Auswärtigen Amtes und ein Regierungssprecher sowie einzelne Beamte aus dem Bundeskanzleramt.

Überdies gibt es regelmäßige Treffen der Parlamentarischen Staatssekretäre der Ressorts unter Vorsitz eines Staaatsministers beim Bundeskanzler.

3.6.3 Sonstige Gremien und wiederkehrende Konferenzen

Koordinierung auf Minister- und Staatssekretärs-Ebene geschieht naturgemäß nicht nur in den dargestellten – mehr oder minder förmlich eingesetzten – Gremien. Vorteil dieser Gremien ist zwar, dass sie durch die für sie bestehenden Verfahrensregelungen oder durch die regelmäßige Sitzfolge relativ übersichtliche und klare Strukturen haben. Gerade diese Förmlichkeiten können aber andererseits – je nach den politischen Gegebenheiten – im Interesse wünschenswerter Flexibilität als hemmend empfunden werden. Oft werden ad hoc einberufene Besprechungen auf Minister- oder Staatssekretärs-Ebene mit einem Teilnehmerkreis, der auf das konkrete politische Problem abgestellt ist, zweckmäßiger sein als die Einhaltung starrer Strukturen förmlicher Gremien.

Minister- und Staatssekretärs-Besprechungen

Den dargestellten förmlichen oder informellen Gremien auf Minister- oder Staatssekretärs-Ebene zugeordnet sind oft Ausschüsse oder sonstige Gremien auf Beamten-Ebene. Oft ist es

Bundeskanzler Gerhard Schröder empfängt die Regierungschefs der Länder zu einem Gespräch über Fragen zum Länderfinanzausgleich und zur bevorstehenden EU-Regierungskonferenz am 15. Juni 2000 im Bundeskanzleramt.

z.B. üblich, dass zu diesem Zweck Abteilungsleiter-Ausschüsse eingerichtet werden.

Neben den Gremien, die lediglich regierungsinterne Koordinierungsaufgaben erledigen, können auch solche gebildet werden, zu denen auch externe Persönlichkeiten – sei es aus der Politik, sei es aus der Gesellschaft – eingeladen werden. Derartige Gremien bestehen in großer Vielfalt und können deshalb hier nicht im einzelnen dargestellt werden. Herausgegriffen werden sollen nur folgende – völlig unterschiedlich gelagerte – Beispiele:

Bund-Länder-Besprechungen

- Besprechungen der Regierungschefs von Bund und Ländern:
  Es entspricht den Gepflogenheiten, dass die Zusammenarbeit zwischen Bund und Ländern nicht nur durch die Verfassungsorgane Bundesregierung, Bundestag und Bundesrat geschieht. Vielmehr treffen die Regierungschefs von Bund und Ländern zu regelmäßigen Begegnungen zusammen, in der Regel zweimal im Jahr. Dabei liegt die Koordination auf Länderseite nicht beim Präsidenten des Bundesrates, sondern bei dem Vorsitzenden der Ministerpräsidentenkonferenz. Auf der Seite des Bundes nehmen an diesen Konferenzen neben dem Bundeskanzler die Bundesminister teil, die von den auf der Tagesordnung stehenden Sachthemen betroffen sind. Vorbereitet werden diese Treffen regelmäßig durch einige Wochen zuvor abgehaltene Treffen der Chefs der Staats- und Senatskanzleien unter dem Vorsitz des Chefs des Bundeskanzleramtes. Außer diesen Treffen aller Regierungschefs von Bund und Ländern gibt es auch häufig wiederkehrende Begegnungen zwischen dem Bundeskanzler und den Regierungschefs der neuen Bundesländer.

  Diese Begegnungen ändern nichts an der eigenständigen rechtlichen und politischen Verantwortlichkeit jedes teilnehmenden Funktionsträgers, treten vielmehr neben die Zusammenarbeit der verfassungsrechtlich verankerten Staatsorgane gemäß den dafür bestehenden Verfahrensvorschriften. Sie erleichtern Abstimmungs- und Klärungsprozesse zwischen Bund und Ländern, die einander zur Bundestreue verpflichtet sind, und sind Ausdruck eines kooperativen Föderalismus. Sie tragen so letztlich zum besseren Funktionieren eines demokratischen Bundesstaates bei.

Besonderes politisches Gewicht kommt diesen Bund-Länder-Besprechungen zu in Zeiten, in denen die politischen Mehrheitsverhältnisse im Bund anders sind als in den Län dern. Hier besteht in besonderem Maße die Notwendigkeit zur parteiübergreifenden Zusammenarbeit nicht nur im Bund, sondern auch im Bund-Länder-Verhältnis. Sie stellt vor allem den Bundeskanzler vor große Herausforderungen. So ist es z.B. den Regierungschefs von Bund und Ländern in der haushaltspolitisch schwierigen Phase des

Bundeskanzler Gerhard Schröder und Bundesverteidigungsminister Rudolf Scharping unterzeichnen gemeinsam mit Spitzenvertretern deutscher Wirtschaftsunternehmen den Rahmenvertrag Innovation, Investition und Wirtschaftlichkeit in der Bundeswehr" am 15. Mai 2000 im Bankettsaal des Bundeskanzleramtes.

Beispiel: Solidarpakt

Jahres 1993 gelungen, im Rahmen des sog. Solidarpakts zu Verabredungen über den künftigen Bund-Länder-Finanzausgleich zu kommen, der auch die Finanzausstattung der neuen Länder und ihrer Gemeinden sichert.

- Wirtschaftskonferenzen und Bündnis für Arbeit:

Wirtschaftskonferenzen

Die wirtschaftliche Situation in der Bundesrepublik Deutschland, gerade nach Wiederherstellung der staatlichen Einheit und die Arbeitsplatzsituation machen es notwendig, dass alle Anstrengungen gebündelt werden, um die wirtschaftliche Entwicklung in Deutschland zu stärken, die Zukunft des Standorts Deutschland zu sichern und auf die Schaffung von Arbeitsplätzen hinzuwirken. Deshalb lädt der Bundeskanzler in unregelmäßigen Abständen Vertreter aus Wirtschaft, Gewerkschaften, Verbänden und Regierung ein, um gemeinsam dahingehende Anstöße zu entwickeln. Auch hier ist es Sache jedes Teilnehmers, aus den bei diesen Konferenzen entwickelten Überlegungen in seinem Verantwortungsbereich Folgerungen zu ziehen.

Empfang der Grenzschutzgruppe 9 und der Flugzeugbesatzung im Bundeskanzleramt nach der Befreiung der Geiseln in Mogadischu am 20. Okt. 1977 durch Bundeskanzler Helmut Schmidt; neben ihm u.a. (v.r.) der damalige Fraktionsvorsitzende Helmut Kohl, Innenminister Werner Maihofer, Staatsminister Hans-Jürgen Wischnewski, Ulrich Wegener, Ministerpräsident Franz-Josef Strauß.

- Sog. „Krisenstäbe“:

„Krisenstäbe“

Der vom Prinzip der Gewaltenteilung geprägte demokratische Bundesstaat geht von unterschiedlichen Zuständigkeiten und Verantwortlichkeiten aus, z.B. zwischen Bund und Ländern, zwischen Regierung, Parlamentsmehrheit und Opposition. In Zeiten außerordentlicher Herausforderungen für den Rechtsstaat generell kann sich aber die politische Notwendigkeit zu möglichst übergreifender Zusammenarbeit auch in häufiger zusammentretender Gremien ergeben.

Solche Situationen sind immer wieder einmal aufgetreten. Beispielhaft herausgehoben werden sollen die Beratungen in den 70er Jahren, als Terroristen mehrere Spitzenrepräsentanten aus Staat und Gesellschaft ermordeten und in einigen Fällen durch Geiselnahmen versuchten, ihre Ziele durchzusetzen. Vor allem die Entführung des damaligen Arbeitgeberpräsidenten Hanns Martin Schleyer und von über 80 Passagieren der Lufthansa-Maschine „Landshut“ im Herbst 1977 stellte eine solche Situation dar. Der damalige Bundeskanzler Helmut Schmidt lud während der 6-wöchigen Entführungszeit Schleyers zu häufigen politisch übergreifenden Besprechungen im sog. „Großen politischen Beratungskreis“ ein, um das politische Handeln gegenüber dieser Herausforderung abzustimmen. An diesen Treffen nahmen insbesondere die Partei- und Fraktionsvorsitzenden der im Bundestag vertretenen Parteien sowie die Ministerpräsidenten der Bundesländer teil, in denen die Terroristen inhaftiert waren, deren Freilassung erpresst werden sollte. Bei den zu treffenden Entscheidungen bestand ein Dilemma zwischen der Lebensgefahr für Hanns Martin Schleyer als Geisel einerseits und der Lebensgefahr für diejenigen, die mutmaßlich Opfer der Terroristen werden würden, deren Freilassung erpresst werden sollte. Angesichts der auf dem Spiel stehenden Grundrechte galt es jeweils, die konkreten Gefährdungen rechtlich und politisch besonders sorgfältig abzuwägen und Entscheidungen zu treffen, die möglichst von allen Zuständigen einvernehmlich für richtig gehalten und auch von der parlamentarischen Opposition mitgetragen wurden; denn politischer Streit in einer so zugespitzten Herausforderungssituation

Herausforderung des Rechtsstaates entgegen getreten

wäre von den Bürgern kaum verstanden worden und hätte vermutlich zu weiteren Erschütterungen für den Rechtsstaat geführt.

Bei diesen übergreifenden Gremien, die in den Medien „Großer Krisenstab“ genannt wurden, handelte es sich nicht um eigene rechtliche Organe, sondern nur um die Zusammenführung aller wesentlichen rechtlichen und politischen Verantwortungsträger mit dem Ziel einer einheitlichen Einschätzung und abgestimmter Entscheidungen. In den Gremien gelang diese Abstimmung. Zwar konnte Hanns Martin Schleyer nicht gerettet werden. Aber es gelang die Befreiung der Flugzeugpassagiere, ohne dass dies zu Opfern unter den Geiseln geführt hätte. Dies trug in der Folgezeit nachhaltig zur Eindämmung von terroristischen Geiselnahmen bei.

3.7 Zusammenarbeit zwischen Bundesregierung, Bundestag und Fraktionen

3.7.1 Allgemeines

Staatsleitende Aufgaben von Bundesregierung und Bundestag

Der Bundestag als Verfassungsorgan der Legislative und die Bundesregierung als oberstes Verfassungsorgan der Exekutive haben in ihrer jeweiligen verfassungsrechtlichen Verantwortung staatsleitende Aufgaben. Dabei kommen der Regierung eher initiierende, vorbereitende, planende, konkret-gestaltende Funktionen, dem Parlament vor allem kontrollierende, im Gesetzgebungsverfahren aber letztlich entscheidende Funktionen zu.

Verfassungsorgane Bundestag und Bundesregierung stehen grundsätzlich mit eigenständiger Verantwortung nebeneinander

Nach der sog. „Wesentlichkeitstheorie“ des Bundesverfassungsgerichts muss die Entscheidung aller grundsätzlichen Fragen, die den Bürger unmittelbar betreffen, durch Gesetz erfolgen. Dies bedeutet aber keinen Totalvorbehalt, aus dem für jede Handlung der Regierung der Vorbehalt einer parlamentarischen oder gar einer gesetzlichen Ermächtigung zu folgern wäre. Es gibt auch keine „Bedeutungshierarchie“ zwischen Bundestag und Bundesregierung. Vielmehr stehen beide Verfassungsorgane kraft ihrer jeweiligen eigenständigen ihnen vom Grundgesetz zugewiesenen Verantwortung nebeneinander, sind aber vielfältig aufeinander angewiesen. Das Bundesverfassungsgericht hat diese Eigenständigkeit der Bundesregierung mit folgenden Worten betont:

> *„Aus dem Umstand, dass allein die Mitglieder des Parlaments unmittelbar vom Volk gewählt werden, folgt nicht, dass andere Institutionen und Funktionen der Staatsgewalt der demokratischen Legitimation entbehrten. Die Organe der gesetzgebenden, der vollziehenden und der rechtsprechenden Gewalt beziehen ihre institutionelle und funktionelle demokratische Legitimation aus der in Art. 20 Abs. 2 GG getroffenen Entscheidung des Verfassungsgebers. Auch die unmittelbare personelle demokratische Legitimation der Mitglieder des Parlaments führt nicht schlechthin zu einem Entscheidungsmonopol des Parlaments. Die verfassunggebende Gewalt hat in Art. 20 Abs. 2 und 3 GG auch die Exekutive als verfassungsunmittelbare Institution und Funktion geschaffen; die Verfahren zur Bestellung der Regierung verleihen ihr zugleich eine mittelbare personelle demokratische Legitimation im Sinne des Art. 20 Abs. 2 GG." (sog. Kalkar-Entscheidung des Bundesverfassungsgerichts vom 8. August 1978; Entscheidungen des Bundesverfassungsgerichts Band 49, Seite 89, 125).*

Rechtliche und politische „Verflechtung" von Bundesregierung und Bundestag

Auch wenn sich Bundesregierung und Bundestag als die beiden ersten staatlichen Gewalten eigenständig gegenüberstehen, so sind sie doch zugleich rechtlich und politisch miteinander „verflochten":

Der Bundeskanzler bedarf für seine Wahl der Mehrheit der Mitglieder des Bundestages; mit derselben Mehrheit kann der Bundestag ihn ablösen und einen anderen Bundeskanzler wählen. Gesetze werden vom Bundestag beschlossen; das gilt insbesondere für das Haushaltsgesetz, das die finanzielle Grundlage für alles Regierungshandeln bildet. Das Parlament wiederum bedarf für seine Entscheidungen in der Regel der fachlichen Vorarbeit und der administrativen Umsetzung durch die Bundesregierung. Daraus folgt, dass Bundestag und Bundesregierung aufeinander angewiesen sind. Dies erfordert im Interesse des möglichst reibungslosen Funktionierens des Staates zum Wohle der Bürger enge Zusammenarbeit.

3.7.2 Zusammenarbeit mit der die Bundesregierung tragenden Parlamentsmehrheit

Die Bundesregierung wird grundsätzlich getragen von der Mehrheit des Bundestages, die den Bundeskanzler gewählt hat. Die Zusammenarbeit mit dieser ist deshalb von besonderer Bedeutung für die Stabilität politischen Handelns.

Hat keine der im Bundestag vertretenen Parteien die absolute Mehrheit erlangt, so müssen sich mehrere Fraktionen oder parlamentarische Gruppierungen zur Mehrheitsbildung zusammenfinden. Solche Koalitionen bilden in der Geschichte der Bundesrepublik Deutschland die Regel.

Koalitionsvereinbarungen

Zu Anfang der Legislaturperiode finden zwischen Parteien, die eine Zusammenarbeit in Betracht ziehen, Gespräche statt. Führen diese Gespräche zur Einigung, so wird in einer sog. „Koalitionsvereinbarung“ ein gemeinsames Arbeitsprogramm verabredet und eine Verständigung über personelle Fragen erreicht, so dass eine gemeinsame politische Basis dafür besteht, den Bundeskanzler gemeinsam zu wählen. Dieser bildet dann – in Kenntnis der politischen und personellen Vorstellungen der Koalitionspartner, aber auf Grund seiner eigenen rechtlichen und politischen Verantwortung – seine Regierung und gibt die Regierungserklärung ab, mit der er das politische Programm der Bundesregierung für die Legislaturperiode vorstellt.

Koalitionsvereinbarungen beschränken sich nicht auf Leitgedanken der gemeinsamen Regierungsarbeit, sondern haben sich im Laufe der Geschichte der Bundesrepublik Deutschland zunehmend zu relativ detaillierten politischen „Vollprogrammen“ entwickelt, in denen alle wichtigen Vorhaben der gemeinsamen Arbeit niedergelegt sind. Dabei werden insbesondere auch bis dahin zwischen den Koalitionspartnern umstrittene Fragen zum Kompromiss geführt. Es ist für die gemeinsame Arbeit der Koalitionspartner wichtig, dass in der Koalitionsvereinbarung jeder der Partner „seine Handschrift wiederfindet“, dabei aber keiner den anderen „überfordert“. Dies macht – auch unter Berücksichtigung des parlamentarischen Kräfteverhältnisses zwischen den Partnern – ein Austarieren ihrer Interessen und eine dementsprechende Gewichtung und Prioritätensetzung bei der gemeinsamen Verabredung von Vorhaben notwendig. Dies ist – gerade zu Beginn der Legislaturperiode – umso wichtiger, als es in Koalitionen im Interesse gedeihlicher Zusammenarbeit in der Regel keine Mehrheitsentscheidungen, sondern nur Konsens geben kann, wenn der kleinere Koalitionspartner mit seinen spezifischen Vorstellungen die Arbeit der Koalitionsregierung beeinflussen will und nicht im Streitfall stets der Unterlegene sein soll.

Kooperation in einer Koalition

Kooperation in einer Koalition erfordert also Bemühen um Konsens und Kompromiss. Dies kann im Einzelfall bedeuten, dass der kleinere Koalitionspartner seine Bedenken gegen ein Vorhaben des größeren zurückstellt, oder auch, dass der größere Koalitionspartner von seinem Vorhaben ablässt oder von Bedenken gegen ein Vorhaben des kleineren absieht. In der Regel wird aber ein gemeinsamer Weg des Kompromisses gefunden. Dabei werden sicher auch die Kräfteverhältnisse nach dem letzten Wahlergebnis eine Rolle spielen.

Grundsatz: Gemeinsames Handeln; Vermeidung „wechselnder Mehrheiten"

Vertrauensvolle Zusammenarbeit in der Koalition setzt voraus, dass sie in aller Regel gemeinsam handelt. Käme es wiederholt zur Zusammenarbeit eines Koalitionspartners mit anderen politischen Kräften (sog. „wechselnde Mehrheiten"), so wäre dies eine starke Belastung der Koalition, die zu deren Auflösung führen kann. Im Interesse der Stabilität der Koalition ist es Ziel der Koalitionsvereinbarung, zu Beginn der Legislaturperiode zu Verabredungen zu kommen, welche die Gefahr der Instabilität soweit als möglich eindämmen.

Die Koalitionsvereinbarungen stellen dabei keine verfassungsrechtlich bindenden Verträge dar, sind also nicht etwa rechtlich einklagbar. Sie sind aber politisch von außerordentlicher Bedeutung, weil sie die politische Geschäftsgrundlage festschreiben, auf der die gemeinsame Arbeit stattfinden soll. Löst sich ein Koalitionspartner von Teilen dieser Vereinbarung, so kann dies eine erhebliche Erschütterung (wenn nicht Auflösung) der weiteren Zusammenarbeit in der Koalition bewirken.

Wer in der Regierungspraxis an Themen arbeitet, zu denen die Koalitionsvereinbarung – oder eine während der laufenden Legislaturperiode getroffene Koalitionsabsprache im Einzelfall – Aussagen gemacht hat, wird sich diese Aspekte vor

Augen halten. Er ist an die Vereinbarung zwar nicht ohne weiteres rechtlich gebunden, wird sich aber darüber im Klaren sein, dass ein von ihm zu erarbeitender Entwurf nur dann Aussicht auf Billigung im Bundeskabinett und bei der Parlamentsmehrheit hat, wenn er die politische Bedeutung von Koalitionsvereinbarungen realistisch einschätzt.

Laufende Zusammenarbeit

Zusammenarbeit zwischen Bundesregierung und der sie tragenden Parlamentsmehrheit erfordert nicht nur eine Koalitionsvereinbarung zu Beginn der Legislaturperiode, sondern laufende Gesprächskontakte.

Diese werden auf verschiedenen Ebenen geführt. In der politischen Alltagsarbeit finden Koalitionsgespräche auf der Ebene der Experten der Fraktionen für bestimmte Themen statt. In der Regel nehmen daran die Vorsitzenden der Arbeitskreise der Koalitionspartner, die Fachleute dieser Fraktionen (z.B. Obleute für die entsprechenden Parlamentsausschüsse und Berichterstatter für die jeweiligen Vorhaben) sowie das zuständige Bundesministerium, häufig auf Minister- oder Staatssekretär-Ebene, teil.

Koalitionspolitische Grundsatzfragen, z.B. Probleme, für die auf der „Experten-Ebene" eine Lösung nicht gefunden werden kann, können auch im Koalitionsgespräch auf Spitzen-Ebene erörtert werden. Diese finden unter dem Vorsitz des Bundeskanzlers statt. Daran beteiligt sind die Spitzen der die Koalition tragenden Parteien und Fraktionen, der Chef des Bundeskanzleramtes sowie – je nach Verhandlungsgegenstand – einzelne Bundesminister und unter Umständen einzelne Fraktionsexperten. Die Koalitionsgespräche sind informell und vertraulich.

Koalitionsgespräche

Ausdrücklich vereinbart worden ist die Zusammenarbeit in der Koalition auf Spitzenebene erstmals durch die Koalitionsvereinbarung vom 20. Oktober 1998. Danach bilden die Koalitionspartner einen Koalitionsausschuss. Ihm gehören 8 Mitglieder je Koalitionspartner an. Er tritt auf Wunsch eines Koalitionspartners zusammen. Er berät Angelegenheiten von grundsätzlicher Bedeutung, die zwischen den Koalitionspartnern abgestimmt werden müssen und führt in Konfliktfällen Konsens herbei. Der solchermaßen formalisierte Koalitionsausschuss tritt lediglich von Zeit zu Zeit zusammen. Er wird durch die erwähnten informellen Koalitionsgespräche ergänzt. Alle in solchen Gesprächen erzielten Klärungen haben wesentliche Auswirkungen auf die Regierungsarbeit. Nicht selten erfolgt eine solche Klärung vor der Kabinettberatung im Koalitionsgespräch. Ist eine Frage im Koalitionsgespräch zur Klärung geführt, wird diese in der politischen Praxis grundsätzlich vom Kabinett zur Entscheidung übernommen. Diese enge Abstimmung trägt wesentlich zur Mehrheitsfähigkeit von Regierungsentwürfen im Parlament und damit zur Stabilität von Koalitionsregierungen bei.

Für die Funktionsfähigkeit einer Regierung ist neben der Zusammenarbeit der Koalition auch von Bedeutung, dass sich die Partner der Koalition ihrerseits intern gut koordinieren. Dies erfordert insbesondere für den Koalitionspartner, der den Regierungschef stellt, enge Kooperation zwischen den Spitzen von Regierung, Partei und Fraktion. Dazu dienen regelmäßige Treffen der entsprechenden Führungspersonen.

3.7.3 Rechte und Pflichten der Bundesregierung gegenüber dem Bundestag

Im parlamentarischen Regierungssystem ist die Bundesregierung – wie dargelegt – von der Wahl durch das Parlament und dessen Vertrauen abhängig. Das bedeutet insbesondere, dass die Bundesregierung sich vor dem Bundestag als der Vertretung des Volkes zu verantworten hat; deshalb unterliegt sie der Kontrolle durch das Parlament.

Parlamentarische Kontrolle durch Opposition und Parlamentsmehrheit

Die Kontrollaufgabe kommt in der politischen Praxis vor allem der parlamentarischen Opposition zu. Die Parlamentsmehrheit, die den Bundeskanzler gewählt hat, wird in der Regel darauf bedacht sein, die Bundesregierung zu unterstüt zen. Doch kann sich die Bundesregierung dessen nicht stets von vornherein gewiss sein. Die Parlamentsmehrheit ist am Erfolg der von ihr mitgetragenen Regierung interessiert; dies setzt aufmerksame Beobachtung und auch kritisch-konstruktive Begleitung der Regierungspolitik voraus. Dieser jeweiligen Interessenlage entsprechend nehmen die Parlamentarier ihre Kontrollfunktionen gegenüber der Regierung wahr.

Ausfluss dieser Kontrollfunktion ist, dass die Bundesregierung sich gegenüber dem Parlament zu verantworten hat. Dabei ist sie in der Regel darauf bedacht, aktiv und „offensiv" ihre Politik vor dem Bundestag darzulegen und sich nicht erst „defensiv" durch Erwiderung auf Kritik zu verteidigen. Dies geschieht im deutschen parlamentarischen System nicht durch periodisch wiederkehrende „Berichte" der Bundesregierung, sondern im Rahmen von Bundestagsdebatten. Die Bundesregierung nimmt geeignete Anlässe wahr, um dem Bundestag ihre politischen Vorstellungen vorzutragen. Typisch dafür sind:

Regierungs-erklärungen

- Regierungserklärungen:
  Dabei handelt es sich um Reden, in denen politische Gesamtzusammenhänge – sei es zu einem bestimmten Thema

Berlin, 11. Mai 2000: Vor dem Deutschen Bundestag gibt Bundeskanzler Gerhard Schröder eine Regierungserklärung zur wirtschaftlichen Entwicklung in Deutschland ab.

oder zur gesamten Breite des politischen Spektrums – dargelegt werden. Von besonderer Bedeutung sind Regierungserklärungen zu Beginn einer Legislaturperiode, in denen das gesamte Arbeitsprogramm der Bundesregierung vorgestellt wird. Aber auch während einer Legislaturperiode nimmt die Bundesregierung Gelegenheit, ihre Politik vorzutragen, z.B. nach wichtigen außenpolitischen Ereignissen. Regierungserklärungen werden in der Regel vom Bundeskanzler abgegeben, können aber auch von Fachministern vorgetragen werden.

Haushaltsdebatten

- Darstellung der Regierungspolitik aus Anlass von Haushaltsdebatten:
  Üblicherweise wird sowohl die erste wie auch – einige Wochen später – die zweite/dritte Lesung des Haushaltsgesetzes im Bundestag zu einer Generalaussprache über die Regierungspolitik genutzt. Besonders die Beratung des Einzelplans des Bundeskanzlers bietet dazu Anlass. Die Einzelpläne der Ressorts werden üblicherweise genutzt, um über deren Fachpolitik zu diskutieren. Im Rahmen dieser Debatten pflegen die Mitglieder der Bundesregierung ihre Politik im Gesamtzusammenhang darzustellen.

Ausübung parlamentarischer Kontrolle durch den Bundestag setzt insbesondere Information voraus.

Wichtige Kontrollrechte

Hervorgehoben werden sollen hier skizzenhaft nur einige der wichtigsten Rechte, die der Bundestag im Rahmen seiner Kontrollfunktionen hat:

Zitierrecht

- Zitierrecht:
  Der Bundestag und seine Ausschüsse können die Anwesenheit jedes Mitglieds der Bundesregierung verlangen (Art. 43 Abs. 1 GG). Diese haben dort „Rede und Antwort" zu stehen. Dem korrespondiert das Recht der Bundesregierung und ihrer Beauftragten zum Zutritt zu allen Sitzungen des Bundestages und seiner Ausschüsse sowie das Recht, dort angehört zu werden (Art. 43 Abs. 2 GG).

Interpellationsrecht

- Interpellationsrecht:
  Dieses Recht bedeutet, dass die Mitglieder des Bundestages das Recht haben, Anfragen an die Bundesregierung zu richten. Dieses Recht, das in der Geschäftsordnung des

Bundestages näher ausgeformt ist, legt der Bundesregierung die Pflicht auf, innerhalb eng bemessener Fristen Antworten zu erteilen.

Aktuelle Stunde

- Aktuelle Stunde:
  Eine Fraktion des Bundestages oder 5% der Abgeordneten können binnen kurzer Frist eine Aussprache über ein bestimmt bezeichnetes Thema von allgemeinem aktuellen Interesse verlangen und so auch die Bundesregierung in politischen Zugzwang bringen, sich zu äußern.

Regierungs-befragung

- Regierungsbefragung:
  In Sitzungswochen des Parlaments findet in nahem zeitlichen Zusammenhang zu Kabinettsitzungen eine Regierungsbefragung statt. Dabei können Abgeordnete Fragen von aktuellem Interesse an Mitglieder der Bundesregierung stellen, vor allem zur vorangegangenen Kabinettsitzung. Das Verfahren dazu ist zwischen Bundestag und Bundesregierung abgestimmt und in seinen Grundzügen im Geschäftsordnungsrecht niedergelegt: In der Regel berichten ein oder mehrere Mitglieder der Bundesregierung kurz über wichtige Ereignisse der vorangegangenen Kabinettsitzung. Dann schließen sich Fragen von Abgeordneten und Antworten der Regierung an. Dies alles geschieht in engem zeitlichem Rahmen. Dieses Verfahren soll u.a. sicherstellen, dass das Parlament früher über wesentliche Ergebnisse der Kabinettsitzung unterrichtet wird als die Öffentlichkeit in der wenig später stattfindenden Bundespressekonferenz.

Durch diese Rechte können Mitglieder oder Gruppierungen des Bundestages die Bundesregierung veranlassen, sich sehr kurzfristig für ihr Verhalten zu verantworten.

Diese parlamentarischen Kontrollrechte geben dem Bundestag allerdings nicht ohne weiteres rechtliche Zwangsmittel zum Umfang der Beantwortung durch die Bundesregierung. Die Bundesregierung hat „Rede und Antwort“ zu stehen. Bei Umfang, Art und Zeitpunkt der Antwort hat die Bundesregierung gegenüber einem von Abgeordneten geltend gemachten Anspruch auf umfassende Information eine verfassungsrechtlich umgrenzte Einschätzungsprärogative, insbesondere im Blick auf ihre Funktions- und Arbeitsfähigkeit.

Wesentlich einschneidender sind die Rechte des Bundestages gegenüber der Bundesregierung dagegen im Verfahren der Untersuchungsausschüsse. Der Bundestag hat das Recht und auf Antrag eines Viertels seiner Mitglieder die Pflicht, einen Untersuchungsausschuss einzusetzen; auf Beweiserhebungen in diesem Verfahren finden die Vorschriften über den Strafprozess sinngemäß Anwendung (Art. 44 GG). Das bedeutet, dass hier der Bundestag seine Informationswünsche auch mit Zwangsmitteln durchsetzen kann und die Bundesregierung bei der Vorlage von Akten oder der Erteilung von Aussagegenehmigungen nur in eng begrenzten Fällen ein Versagungsrecht hat, z.B. wenn

Untersuchungsausschüsse: Starke Rechte des Parlaments

- der Ausschuss unzulässig eingesetzt ist,
- die angeforderten Unterlagen nicht beweisgeeignet sind,
- das Beweisthema laufende Regierungsvorgänge betrifft oder
- der Verfassungsgrundsatz der Gewaltenteilung entgegensteht; das betrifft den sog. „Kernbereich exekutiver Eigenverantwortung" (insbesondere im Kabinett oder dessen unmittelbarem Vorfeld) sowie die Funktionsfähigkeit bestimmter staatlicher Organe, die in besonderem Maße auf die Einhaltung von Geheimhaltungszusagen angewiesen sind (z.B. bestimmte außen- und verteidigungspolitische Angelegenheiten; operative Details von Nachrichtendiensten).

Versagungsrechte der Regierung

4 Organisation und Arbeitsweise des Bundeskanzleramtes im einzelnen

4.1 Überblick über die organisatorische Entwicklung des Bundeskanzleramtes seit 1949

Schon vor der Errichtung des Bundeskanzleramtes im Jahre 1949 hatte der Organisationsausschuss der Ministerpräsidenten Empfehlungen zur Organisation der künftigen „Bundeskanzlei" ausgearbeitet. Diese sollte sich danach gliedern in

- ein Zentralbüro (dem Staatssekretär unterstellt mit den drei Referaten für Personal-, Haushalts- und Kassenwesen);
- Abteilung 1 (Leiter: Ministerialdirektor): Koordinierung der Gesetzgebung; Verkehr mit den parlamentarischen Körperschaften, den Ländern, den Behörden und den Parteien. 6 Referate.
- Abteilung 2 (Leiter: Ministerialdirektor): Bundespressestelle; staatsbürgerliche Bildung. 3 Referate.

Der Gesamtpersonalbedarf wurde vom Organisationsausschuss mit 120 Personen (ohne Arbeiter) veranschlagt.

Zuerst: „Der Staatssekretär des Innern im Bundeskanzleramt"

Am 3. Dezember 1949 wurde – soweit ersichtlich – erstmals ein Organisationsplan bekannt gegeben. Dieser bestimmte zwei Abteilungen (Zentralabteilung sowie Abteilung für Koordinierungs- und Kabinettangelegenheiten) mit insgesamt 9 Referaten und eine weitere Abteilung als Presse- und Informationsamt der Bundesregierung. Erster Leiter der Behörde wurde Franz-Josef Wuermeling mit dem Titel „Der Staatssekretär des Innern im Bundeskanzleramt". Da es noch kein Auswärtiges Amt gab, wurde zunächst im Bundeskanzleramt eine „Dienststelle für auswärtige Angelegenheiten" eingerichtet; deren Leitung wurde Prof. Dr. Walter Hallstein übertragen, der den Rang eines Staatssekretärs erhielt. Er stand organisatorisch neben dem „Staatssekretär des Innern im Bundeskanzleramt" und war unmittelbar dem Bundeskanzler

Organisationsplan des Bundeskanzleramtes

Stand: März 1960

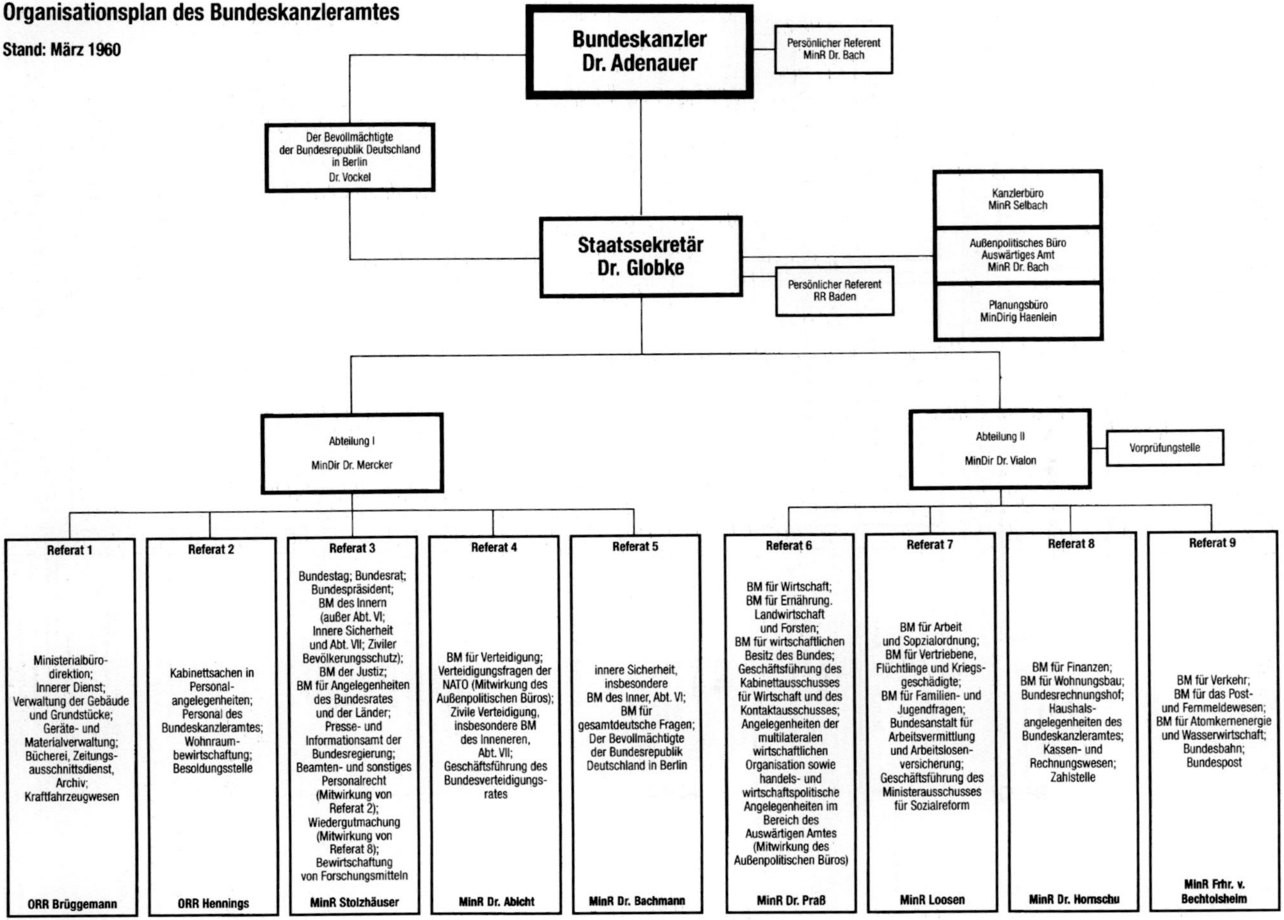

Organisationsplan des Bundeskanzleramtes

Anschrift: Adenauerallee 139-141, 5300 Bonn 1
Fernsprechanschlüsse:
- Amtsanschluß (0 22 21) 56-1
- Querverbindung 6 54

Bundeskanzler
Helmut Schmidt

Staatsminister
Gunter Huonker

04
Büro des Staatsministers
Leiter:
Persönlicher Referent
VLR Nakonz

Chef des Bundeskanzleramtes
Staatssekretär
Dr. Manfred Schüler

Abteilung 1

Recht und Verwaltung

MinDir Dr. Kern

10
Vorprüfungsstelle
ORR Opahle

Gruppe 11
Leiter: MinDirig Keck
Personalangelegenheiten der Bundesregierung

Referat 111
Personalangelegenheiten des Bundeskanzleramtes und der Ständigen Vertretung der Bundesrepublik Deutschland bei der DDR
MinR Ordolff

Referat 112
Organisation und Haushalt des Bundeskanzleramtes und der Ständigen Vertretung der Bundesrepublik Deutschland bei der DDR
MinR Dr. Fischer

Referat 113
Innerer Dienst
MinR Großkopf

Referat 114
Lagezentrum
RegDir Dr. Lederer

115
Sicherheitsbeauftragter
RR Fernekeß

Referat 12
Zivilverteidigung; Alarmplanung; Interministerieller Krisenstab
MinR Hennings

Gruppe 13
Leiter: MinDirig Dr. Hegelau
Staatliche Organisation

Referat 131
BM der Justiz; Öffentliche und innere Sicherheit; Angelegenheiten der Polizei und des Bundesgrenzschutzes
MinR Dr. Busse

Referat 132
Verfassungsrecht; Organisation und Geschäftsordnung der Bundesregierung; Statistik; Öffentlicher Dienst
RegDir Rost

Referat 133
Angelegenheiten der Kirchen und der Religionsgesellschaften; kulturelle Angelegenheiten; Justitiariat; Medienpolitik
RegDir Dr. Milleker

Referat 14
Kabinett- und Parlamentreferat
MinR Rang

Abteilung 2

Auswärtige und innerdeutsche Beziehungen; äußere Sicherheit

MinDir von Staden

Gruppe 21
Leiter: MinDirig von der Gablentz
Auswärtiges Amt; BM für wirtschaftliche Zusammenarbeit

Referat 211
Europäische Einigung; bilaterale Beziehungen zu westeuropäischen Staaten und der Türkei
VLR I Dr. Zeller

Referat 212
Ost- West-Beziehungen; bilaterale Beziehungen zu osteuropäischen Staaten, zur UdSSR und zu Nordamerika
VLR I Dr. Höynck

Referat 213
Entwicklungspolitik; weltweite internationale Organisationen; bilaterale Beziehungen zu Asien, Afrika und Lateinamerika
VLR I Franke

Gruppe 22*
Leiter: MinDirig Stern
BM für innerdeutsche Beziehungen, Beziehungen zur DDR, Berlin-Fragen

Referat 221
Beziehungen zur DDR in den Bereichen Politik und Verwaltungsverkehr; Ständige Vertretungen; Kabinettausschuß für innerdeutsche Beziehungen
MinR Germelmann

Referat 222
Beziehungen zur DDR und Berlin-Fragen in den Bereichen Justiz und Verkehr
MinR Zilch

Referat 223
Allgemeine Berlin-Fragen
MinR Dr. Löwke

Gruppe 23
Leiter: Oberst i.G. Dr. Genschel
BM der Verteidigung, Sicherheitspolitik (Verteidigungsfragen, Abrüstung und Rüstungskontrolle); Bundessicherheitsrat

Arbeitsstab 20
Deutschlandpolitik
MinDirig Dr. Bräutigam

*Die Gruppe 22 ist fachlich dem Leiter des Arbeitsstabes Deutschlandpolitik unterstellt.

Abteilung 3

Innere Angelegenheiten

MinDir Dr. Konow

Referat 31
Bund-Länder-Verhältnis; internationale kulturelle Zusammenarbeit; internationaler Jugendaustausch; Rauschmittelbekämpfung
MinR Permantier

Referat 32
BM für Jugend, Familie und Gesundheit; Vertriebenenfragen; Sport
MinR Dr. Seemann

Gruppe 33
Leiter: MinDirig Dr. Hädrich
Internationale Zusammenarbeit in Umweltfragen; Kabinettausschuß für Umweltfragen, Kabinettausschuß für Raumordnung und Städtebau

Referat 331
Umweltfragen; Bevölkerungsprobleme
MinR Dr. Glatzel

Referat 332
BM für Raumordnung, Bauwesen und Städtebau, Raumordnung und Regionalplanung, Naturschutz und Landschaftspflege
MinR Dr. Bobbert

Referat 34
BM für Verkehr, BM für das Post- und Fernmeldewesen
MinR Lischka

Referat 35
BM für Bildung und Wissenschaft, Bildungswesen und Bildungsplanung; Kabinettausschuß für Bildung, Wissenschaft, Forschung und Technologie (Geschäftsführung: BMBW)
RegDir Dr. Schulte

Referat 36
BM für Forschung und Technologie; internationale technologische und wissenschaftliche Zusammenarbeit; Kabinettausschuß für Bildung, Wissenschaft, Forschung und Technologie (BMFT); Kabinettausschuß für die friedliche Nutzung der Kernenergie; Rat für die friedliche Nutzung der Kernenergie
MinR Dr. Schmitz-Wenzel

Stand: 10. März 1980

01
Kanzlerbüro
Leiter:
VA Dr. Bruns

011
Eingaben
und Petitionen
MinR Grünewald

012
Persönlicher Referent
des Bundeskanzlers
VA Dr. Bluhm

Gruppe 03
Leiter:
VA Dr. Breitenstein
Kommunikation,
Information

05
Büro Chef BK
Leiter:
Persönlicher Referent
RegDir Dr. Melzer

06
Pressereferat
MinR Winkel

Der Bevollmächtigte der Bundesregierung in Berlin
Staatssekretär
Dietrich Spangenberg

08
Büro des Bevollmächtigten
der Bundesregierung in Berlin
Leiter:
Persönlicher Referent
RegDir Borowsky

Abteilung 4
Wirtschafts-, Finanz- und Sozialpolitik
MinDir Dr. Schulmann

Gruppe 41
Leiter: MinR Dr. Thiele
Europäische Wirtschaftsintegration

Referat 411
BM für Ernährung, Landwirtschaft und Forsten;
Agrar- und Ernährungspolitik
(einschließlich Forstwirtschaft und Fischerei);
Agrarstrukturpolitik;
Kabinettausschuß für Agrar- und
Ernährungspolitik
MinR Dr. Feiter

Gruppe 42
Leiter: MinDirig Heick
BM für Wirtschaft;
wirtschaftspolitische Grundsatzfragen;
nationale und internationale Konjunktur-,
Wachstums- und Stabilitätspolitik;
internationale Währungsordnung und -politik;
Geld-, Kredit- und Kapitalmarktpolitik

Referat 421
Wettbewerbs-, Struktur-, Industrie-, Energie- und
Unternehmenspolitik;
Handwerk und Handel;
ERP-Vermögen; Außenwirtschaft;
Kabinettausschuß für Wirtschaft
MinR Meyer-Sebastian

Referat 43
BM für Arbeit und Sozialordnung;
Sozial- und Gesellschaftspolitik; Arbeitsmarkt-
politik; Vermögenspolitik; Zivildienst;
Bundesanstalt für Arbeit;
Kabinettausschuß für Soziales und Gesundheit
MinR Dr. Jabcke

Referat 44
BM der Finanzen;
Finanzverfassungs- und Haushaltsrecht;
Steuerpolitik;
Vermögensbildung und Sparförderung;
Wiedergutmachung; Lastenausgleich;
Bundesrechnungshof;
Kabinettausschuß für Vermögensbildung
MinR Dr. Michels

Gruppe 45
Leiter: MinDirigin Dr. Krips
Mehrjährige Finanzplanung;
gesamtwirtschaftliche Projektionen
und deren Koordinierung;
längerfristige Ressourcenplanung
(Sozial- und Bildungsbudget)

Referat 451
Finanzplanung des Bundes;
Aufstellung des Bundeshaushalts;
Finanzbeziehungen zu Ländern und Gemeinden;
Kabinettausschuß für mittelfristige Finanzplanung
MinR Dr. Quantz

Abteilung 5
Planung
VA Albrecht Müller

Gruppe 51
Leiter: MinDirig Dr. Pelny
Politische Planung der Legislaturperiode

Referat 511
Ablaufplanung;
Arbeitsprogramm der Bundesregierung;
Planungsbeauftragte
MinR Gessler

Referat 512
Politische Analysen
VA Vogelgsang

Referat 52
Langerfristige Aufbauplanung
RegDir von Peter

Referat 53
Trendanalysen des gesellschaftlichen Wandels
VA Dr. Hagen

Referat 54
Politische Probleme
des ökonomischen Wandels
MinRin Hammers-Strizek

Referat 55
Informationssysteme; Dokumentation;
automatisierte Datenverarbeitung
MinR Dahms

Abteilung 6
Bundesnachrichtendienst; Koordinierung der Nachrichtendienste des Bundes; Geheimschutz
MinDir Schlichter

Referat 61
Organisations- und Haushaltsangelegenheiten
des BND
MinR Koch

Referat 62
Personalangelegenheiten des BND
MinR Staubwasser

Referat 63
Lageinformation
VLR I Fournes

Referat 64
Koordinierung der Nachrichtendienste;
Allgemeine Zusammenarbeit;
Informationsaustausch
MinR Radau

Referat 65
Koordinierung der Nachrichtendienste;
Organisations- und Haushaltsstrukturen;
Verwaltung; Technik
MinR Wiedenhaupt

Referat 66
Geheimschutzbeauftragter
RegDir Grübel

Organisationsplan des Bundeskanzleramtes

Kanzlerbüro
Leiter: MinDir Dr. Neuer*

- Persönliches Büro — **VAe Weber**
- Eingaben und Petitionen — **VA Dr. Gundelach**

Staatsminister Bernd Schmidbauer
Persönliche Referentin: VAe Sauer

Leitungsgruppe; Ministerbüro
Leiter: VA Hammes

- Kabinett- und Parlamentreferat; Ständiger Protokollführer — **MinR Winands**
- Persönlicher Referent des Chef BK — **MinR Stehl**
- Lagezentrum — **O i. G. Vogel**
- Pressearbeit Chef BK — **VA Neumann**

10
Vorprüfungsstelle
MinR Hellingrath

05
Dienststelle Berlin*
Leiter:
MinDgt Dr. von Morr

051
Arbeitsgruppe Neubau Bundeskanzleramt
MinR Thaysen
BauDir Grothues

Abteilung 1

Zentralabteilung; Innen und Recht

MinDir Dr. Roll

Gruppe 11
Leiter: MinDgt Dr. Malina
Personalangelegenheiten der Bundesregierung

Referat 111
Personalangelegenheiten des Bundeskanzleramtes
RegDir Hütte

Referat 112
Organisation und Haushalt des Bundeskanzleramtes; Beihilfe; Vergabeprüfstelle des Bundeskanzleramtes und der Stiftung Wissenschaft und Politik
RegDir'in Heger

Referat 113
Innerer Dienst
MinR Thaysen

Referat 114
Informationstechnik
MinR Grewenig

Gruppe 12
Leiterin: MinDgt'in Braunöhler
Innere Sicherheit; Polizeiangelegenheiten; Rechtswesen

Referat 121
BM der Justiz; Justitiariat; Rehabiltierung
MinR Germelmann

Referat 122
Geheimschutzbeauftragter; Sicherheitsbeauftragter
RegDir Wegesin

Referat 123
Innere Sicherheit; Polizei; Bundesgrenzschutz; zivile Verteidigung
MinR Dr. Kusch

Gruppe 13
Leiter: MinDgt Dr. Busse
Beziehungen zwischen Bund und Ländern; Verfassungsrecht; staatliche Organisation; Aufgabenplanung der Bundesregierung

Referat 131
Bund-Länder-Verhältnis; Bundesrat und Vermittlungsausschuß; Besprechungen des Bundeskanzlers mit den Regierungschefs der Länder
MinR'in Storsberg

Referat 132
Verfassungsrecht; Arbeitsstab Berlin/Bonn; Organisation und Geschäftsordnung der Bundesregierung; Statistik; Öffentlicher Dienst; Kommunalwesen
MinR Hammerl

Abteilung 2

Auswärtige Beziehungen; Entwicklungspolitik; äußere Sicherheit

MinDir Bitterlich

Gruppe 21
Leiter: MinDgt Dr. Duckwitz
Auswärtiges Amt; BM für wirtschaftliche Zusammenarbeit und Entwicklung

Referat 211
Europäische Einigung; bilaterale Beziehungen zu den west- und südeuropäischen sowie nordischen Staaten und der Türkei; Kabinettausschuß für Europapolitik
VLR I Krekeler

Referat 212
Bilaterale Beziehungen zu USA und Kanada; Sicherheits- und Abrüstungspolitik
VLR I Blomeyer-Bartenstein

Referat 213
Bilaterale Beziehungen zu den Staaten Mittel-, Ost- und Südosteuropas, des Transkaukasus sowie zu den zentralasiatischen Republiken
VLR I Schäfers

Referat 214
Weltweite internationale Organisationen; bilaterale Beziehungen zu Asien, Afrika und Lateinamerika
VLR I Kraemer

Referat 215
Entwicklungspolitik; Nord-Süd-Fragen
RegDir Dr. Baldus

Gruppe 22
Leiter: O i.G. Sude
BM der Verteidigung; Bundessicherheitsrat

Referat 221
Wehrverwaltung; Rüstung
RegDir Kretschmer

Referat 222
Militärische Aspekte der Sicherheitspolitik; truppendienstliche Angelegenheiten der Bundeswehr
O i.G. Marzi

Abteilung 3

Soziales; Umwelt; Verkehr; Agrar; Forschung

MinDir Wirmer

Gruppe 31
Leiter: MinR Scherer
Grundsatzfragen der Sozial- und Gesellschaftspolitik; Kontakte zu den Gewerkschaften und Arbeitgeberverbänden

Referat 311
BM für Arbeit und Sozialordnung
MinR Hegerfeldt

Referat 312
BM für Gesundheit
MinR'in Jüchter-Bieber

Gruppe 32
Leiter: VA Dr. Westerhoff
Umwelt-, Agrar-, Verkehrs- und Postpolitik; Medien- und Presserecht

Referat 321
BM für Umwelt, Naturschutz und Reaktorsicherheit; Kabinettausschuß für Umwelt und Gesundheit
RegDir Gehring

Referat 322
BM für Ernährung, Landwirtschaft und Forsten
MinR Dr. Kloos

Referat 323
BM für Verkehr; BM für Post und Telekommunikation
MinR'in Trebesch

Referat 324
Nationale und internationale Medienfragen; Multimedia; Medien- und Presserecht
MinR Möwes
RegDir'in Hardich

Gruppe 33
Leiterin: MinR'in Dr. Born
Bildungs- und Forschungspolitik; Familien-, Senioren-, Frauen- und Jugendpolitik

Referat 331
BM für Bildung, Wissenschaft, Forschung und Technologie; Kabinettausschüsse für Zukunftstechnologien und Raumfahrt
RegDir'in Steiner-Hoffmann

Referat 332
BM für Familie, Senioren, Frauen und Jugend; Sport; Vertriebenenfragen
MinR Krannich

Stand: 3. März 1997

Bundeskanzler Dr. Helmut Kohl

Arbeitsstab Öffentlichkeitsarbeit und Medienpolitik
Leiter: VA Fritzenkötter

Öffentlichkeitsarbeit; Verbindung zu gesellschaftlichen Gruppen	Pressestelle; Besuchergruppen	Medienbeobachtung
VA Roik	**MinR Gärtner**	**VA Dr. Wolter**

Chef des Bundeskanzleramtes
Bundesminister
Friedrich Bohl

Arbeitsstab ChefBK neue Länder
Leiter: VA Dr. Aretz

Grundsatzfragen	Verbindung zu den Abgeordneten der neuen Länder; Sonderaufgaben
N.N.	**VA Dr. Kontetzki**

Staatsminister
Anton Pfeifer

Persönlicher Referent: VA Schwenzfeier

Abteilung 4

Wirtschafts- und Finanzpolitik;
Koordinierung neue Länder

MinDir Dr. Nehring

Gruppe 41
Leiter: MinR Dr. Zeppernick
Wirtschaftspolitische Grundsatzfragen der Europapolitik; Außenwirtschaftspolitik; BM für Wirtschaft: Abt. E

Referat 411
Wirtschaftliche Aspekte der europäischen Integration; Europäischer Binnenmarkt; EG-rechtliche Fragen; Wirtschafts- und Währungsunion
MinR Dr. Hammann

Referat 412
Außenwirtschaft; Geld und Währung; Finanzmärkte; multinationale Organisationen; BM für Wirtschaft: Abt. V; BM der Finanzen: Abt. VII und IX teilw.
RegDir Dr. Scheid *2422*

Gruppe 42
Leiter: MinDgt Dr. Pfaffenbach
Wirtschaftspolitik; Mittelstand; Wirtschaftsrecht; Koordinierung neue Länder; BM für Wirtschaft (außer Abt. E und V); BM der Finanzen (Abt. I teilw. und VIII teilw.); Kabinettausschuß neue Bundesländer

Referat 421
Grundsatzfragen; wirtschaftspolitische Sonderaufgaben; gesamtwirtschaftliche Entwicklung; Kabinettausschuß für Wirtschaft
MinR Homann

Referat 422
Koordinierung neue Länder
MinR Annecke

Referat 423
Wirtschaftsrecht und Wettbewerbspolitik; offene Vermögensfragen in den neuen Ländern
MinR Zilch

Referat 424
Mittelstand; regionale Wirtschaftspolitik; Wirtschaftsfragen neue Länder
RegDir Dr. Sallandt

Gruppe 43
Leiter: MinDgt Klotz
Haushalts-, Finanz- und Steuerpolitik; BM der Finanzen (Abt. Z, II-VI, I teilw. und VIII teilw.)

Referat 431
Bundeshaushalt; Bund-Länder-Finanzbeziehungen; Bundesliegenschaften
RegDir Schröder

Referat 432
Steuerpolitik; Zölle
N.N.

Gruppe 44
Leiter: MinR Kindler
Gewerbliche Wirtschaft; Raumordnungs- u. Baupolitik

Referat 441
Industrie; Energiepolitik; Treuhand-Nachfolge
RegDir Dr. Brandis

Referat 442
BM für Raumordnung, Bauwesen u. Städtebau; Mietrecht
MinR Hilgen

Abteilung 5

Gesellschaftliche und politische Analysen; kulturelle Angelegenheiten

MinDir Mertes

Gruppe 51
Leiter: VA Müller
Kommunikation; gesellschaftliche und politische Analysen

Referat 511
Mitwirkung bei der Öffentlichkeitsarbeit des Bundeskanzlers
VA Lübbering

Referat 512
Auswertung von Programmen und Modellen politischer Problemlösung
VA Bierett

Referat 513
Dokumentation; Pressematerialien
VA Wagenknecht

Gruppe 52
Leiter: VA Dr. Laitenberger
Kulturelle Angelegenheiten; Kirchen; politische Bildung

Referat 521
Verbindung zum Bereich von Kunst und Kultur sowie zu den Kirchen
RegDir Leibbrandt

Referat 522
Deutsche kulturelle und wissenschaftliche Einrichtungen im Ausland; Mittlerorganisationen
VLR I Dr. Jacobs

Abteilung 6

Bundesnachrichtendienst;
Koordinierung der Nachrichtendienste des Bundes

MinDgt Dr. Hanning
Ständiger Vertreter:
MinDgt Staubwasser

Referat 601
Bundesnachrichtendienst: Dienstaufsicht, Personal, Organisation, Haushalt, Recht der Informationsgewinnung, Sicherheit, Vergabeprüfstelle, parlamentarische Angelegenheiten
RegDir Friehe

Referat 602
Nachrichtendienstliche Lageinformation; Auftragssteuerung des Bundesnachrichtendienstes; Auslandsbeziehungen
MinR'in Dr. Vollmer

Referat 603
Koordinierung der Nachrichtendienste des Bundes; Staatssekretärausschuß für das geheime Nachrichtenwesen; parlamentarische Kontrollgremien; Bundesamt für Verfassungsschutz; Militärischer Abschirmdienst
MinR Radau

Referat 604
Nachrichtendienstliche Informationsverwertung: Proliferation, internationaler Waffen- und Rauschgifthandel, internationale Geldwäsche, internationaler Terrorismus, Nuklearschmuggel
MinR Wenckebach

Referat 605
Allgemeine und grundsätzliche Angelegenheiten des Bundesnachrichtendienstes; Struktur- und Personalentwicklung
RegDir Vorbeck

Postanschrift:	**Hausadresse/Lieferadresse:**
Bundeskanzleramt	Bundeskanzleramt
53106 Bonn	Adenauerallee 139 - 141
	53113 Bonn

Dienststelle Berlin des Bundeskanzleramtes

Postfach 61 02 61	Mauerstraße 34 – 38
10924 Berlin	10117 Berlin

unterstellt. Später erhielt der Behördenleiter den Titel „Der Staatssekretär des Bundeskanzleramtes". Als mit Ludger Westrick in der Regierungszeit von Bundeskanzler Ludwig Erhard erstmals ein Bundesminister an der Spitze des Amtes stand, erhielt dieser die – bis heute fortbestehende – Bezeichnung „Der Chef des Bundeskanzleramtes".

Im Jahre 1952 wurde das Presse- und Informationsamt aus dem Bundeskanzleramt ausgegliedert, rechtlich verselbständigt und unter die Leitung eines Staatssekretärs gestellt. Im Bundeskanzleramt bestand fortan zunächst nur eine Abteilung. Seit 1958 gab es zwei Abteilungen. Die Zuständigkeit der Abteilung II erstreckte sich auf alle finanz-, wirtschafts-, sozial- und verkehrspolitischen Fragen; die Abteilung I war für die übrigen Angelegenheiten zuständig.

In der Folgezeit entwickelte sich das Bundeskanzleramt zu einer immer differenzierter gegliederten Behörde, deren Veränderungsstufen im einzelnen hier nicht nachgezeichnet werden können. Die auf den vorhergehenden Seiten abgebildeten Organisationspläne aus den Jahren 1960 und 1980 mögen beispielhaft Entwicklungsstufen veranschaulichen.

4.2 Die anderen obersten Bundesbehörden im Geschäftsbereich des Bundeskanzlers

Dem Bundeskanzler sind zur Erfüllung seiner Aufgaben das Bundeskanzleramt, das Presse- und Informationsamt der Bundesregierung und der Beauftragte der Bundesregierung für Angelegenheiten der Kultur und der Medien zugeordnet. Diese Ämter sind rechtlich selbstständige, nebeneinander bestehende oberste Bundesbehörden, die jeweils dem Bundeskanzler unmittelbar unterstehen. Sie stehen unter der Leitung je eines Bundesministers, eines Staatsministers oder eines Staatssekretärs. Der Bundeskanzler trägt für die Ämter politische Verantwortung – entweder unmittelbare (falls ein Staatssekretär oder ein Staatsminister an der Spitze steht) oder mittelbare (falls einem Bundesminister die Leitung obliegt). Er ist aber nicht mit den Alltagsgeschäften einer Behördenleitung belastet, um sich seinen politischen Führungsgeschäften widmen zu können.

4.2.1 Das Presse- und Informationsamt der Bundesregierung

Das Presse- und Informationsamt der Bundesregierung wurde rechtlich verfestigt durch Organisationserlass des Bundeskanzlers Helmut Schmidt vom 10. Januar 1977. Danach ist es Hauptstelle der Bundesregierung für den Verkehr mit den Nachrichtenträgern und Organen der öffentlichen Meinungsbildung. Es hat im wesentlichen folgende Aufgaben:

Hauptstelle der Bundesregierung für Verkehr mit Medien

- Unterrichtung des Bundespräsidenten und der Bundesregierung über die weltweite Nachrichtenlage,
- Erforschung und Darstellung der öffentlichen Meinung als Entscheidungshilfe für die politische Arbeit der Bundesregierung,
- Unterrichtung der Bürger und Medien über die Politik der Bundesregierung,
- Vertretung der Bundesregierung auf den Pressekonferenzen,
- Politische Information des Auslands im Zusammenwirken mit dem Auswärtigen Amt,
- Koordinierung der ressortübergreifenden Öffentlichkeitsarbeit des Amtes und der ressortbezogenen Öffentlichkeitsarbeit der Bundesministerien bei Maßnahmen, die Angelegenheiten von allgemein-politischer Bedeutung betreffen.

4.2.2 Der Beauftragte der Bundesregierung für Angelegenheiten der Kultur und der Medien

Durch Organisationserlass des Bundeskanzlers Gerhard Schröder vom 27. Oktober 1998 wurde die Grundlage für die Bestellung eines Beauftragten der Bundesregierung für Angelegenheiten der Kultur und der Medien geschaffen und das entsprechende Amt eingerichtet. Ihm wurden Zuständigkeiten aus verschiedenen Ressorts, insbesondere aus dem bis dahin vorwiegend für Kulturfragen des Bundes zuständigen Bundesinnenministerium, aber auch aus dem Wirtschaftsministerium, übertragen. Der Organisationserlass geht von der Zuständigkeit des Bundes für Fragen der gesamtstaatlichen Repräsentation auch auf dem Gebiet der Kultur aus, betont aber zugleich ausdrücklich die Wahrung der Kulturhoheit der Länder.

4.3 Organisation des Bundeskanzleramtes heute

Beim Bundeskanzleramt wie bei klassischen Bundesministerien unterscheidet man zwischen Leitungsbereich und sog. „Arbeitsebene". Diese gebräuchliche Unterscheidung ist freilich nicht unmissverständlich, denn natürlich wird auch und in besonders intensiver Weise auf der Leitungsebene gearbeitet, und auch auf den darunterliegenden Ebenen werden Führungsaufgaben wahrgenommen. Gleichwohl mag diese Unterscheidung anschaulich sein, um die Ebene der Entscheidungsträger an der politischen oder administrativen Spitze von der Ebene der Mitarbeiter in den einzelnen Abteilungen, die vorwiegend Fachaufgaben wahrnehmen, zu unterscheiden.

4.3.1 Leitungsbereich

Zum Leitungsbereich gehören der Bundeskanzler, der Chef des Bundeskanzleramtes, die Staatsminister beim Bundeskanzler sowie die ihnen jeweils zugeordneten Leitungsstäbe und persönlichen Büros.

ChBK

Der Chef des Bundeskanzleramtes (üblicherweise abgekürzt: ChBK) ist Leiter der Behörde mit allen dazu gehörenden Aufgaben.

Dem Chef des Bundeskanzleramtes ist eine Leitungsgruppe zugeordnet. Die Leitungsgruppe nimmt Aufgaben des persönlichen Büros wahr; hinzu kommen Aufgaben bei der Vorbereitung von Koalitionsgesprächen. Zu ihr gehört zudem das Kabinett- und Parlamentsreferat, das zugleich die Protokollführung im Kabinett erledigt.

Die Staatsminister beim Bundeskanzler

Rechtlich dem Bundeskanzler zugeordnet sind die beiden Staatsminister. Ihnen obliegen Aufgaben, die mit der Leitung des Bundeskanzleramtes eng verknüpft sind:

Zum Aufgabenbereich eines Staatsministers gehört insbesondere die Vertretung gegenüber den gesetzgebenden Körperschaften. Dies betrifft das Bund-Länder-Verhältnis, insbesondere den Bundesrat und den Vermittlungsausschuss, sowie die Vertretung der Bundesregierung im Ältestenrat des Bundestages in vorwiegend organisatorischen, inneren Angelegenheiten des Bundestages. Seit jeher ist es Brauch, dass im Interesse der Zusammenarbeit zwischen Bundestag und Bundesregierung insbesondere über Verfahrensfragen ein ständiger Vertreter der Bundesregierung im Ältestenrat benannt wird. Diese Aufgabe fällt traditionsgemäß einem Vertreter des Bundeskanzleramtes zu.

Der andere Staatsminister ist Beauftragter der Bundesregierung für Angelegenheiten der neuen Länder. Dazu ist ihm die entsprechende Zuständigkeit aus dem Bundeswirtschaftsministerium übertragen worden. Er ist Beauftragter Vorsitzender des für diese Aufgabe geschaffenen Kabinettausschusses und führt den Vorsitz in dem Staatssekretärsausschuss, der insbesondere die gemeinsamen Sitzungen mit den Kabinetten der neuen Länder vorbereitet und das Aufbauprogramm „Zukunft Ost" koordiniert.

Kanzlerbüro

Dem Bundeskanzler selbst ist zur Erfüllung seiner unmittelbaren Aufgaben das Kanzlerbüro zugeordnet. Dessen vorrangige Aufgabe ist es, die persönlichen Gespräche und Terminwünsche des Bundeskanzlers zu koordinieren, seine Post aufzubereiten, insbesondere aus der Fülle der an den Bundeskanzler gerichteten Schreiben, Telefonanrufe und Terminanfragen diejenigen auszusortieren, mit denen er persönlich befasst werden muss. Ein Schwerpunkt liegt bei der Vorbereitung von Redeentwürfen für den Bundeskanzler, insbesondere deren Redaktion, soweit Entwürfe aus dem Amt vorgelegt werden. Weitere Aufgaben betreffen insbesondere die Vorbereitung von Terminen und Kontakten des Bundeskanzlers, regelmäßig in Abstimmung mit den Facharbeitseinheiten. Einem Referat im Kanzlerbüro obliegt die Beantwortung der zahlreichen Briefe, Eingaben und Petitionen, die im Bundeskanzleramt eingehen, soweit die Antwort nicht Persönlichkeiten des Leitungsbereichs selbst vorbehalten ist oder wegen des fachspezifischen Inhalts den Fachabteilungen des Bundeskanzleramtes übertragen wird.

4.3.2 Sogenannte „Arbeitsebene"

Gliederung in 6 Abteilungen

Die Fachebene des Bundeskanzleramtes besteht aus 6 Abteilungen. Diese sind jeweils in Gruppen und diese in Referate gegliedert. Gruppen entsprechen Unterabteilungen in Bundes-

Organisationsplan des Bundeskanzleramtes

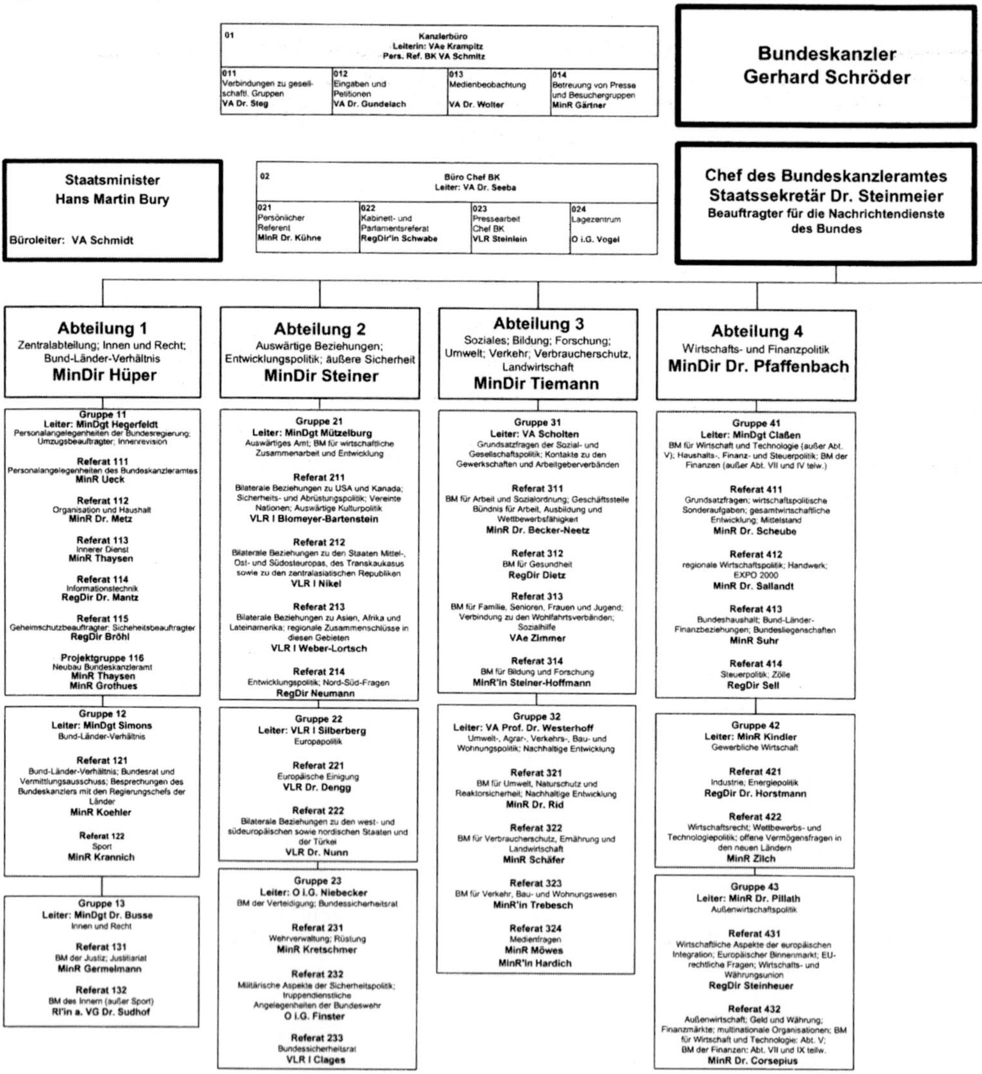

Organisationsplan des Bundeskanzleramtes vom 15. Februar 2001

15. Februar 2001

Beauftragter der Bundesregierung für Angelegenheiten der Kultur und der Medien
Staatsminister Prof. Dr. Julian Nida-Rümelin
Büroleiterin: VAe Haack

03
Arbeitsstab:
Beraterin des Bundeskanzlers für deutsch-französische Beziehungen
VAe Sauzay

Beauftragter der Bundesregierung für Angelegenheiten der neuen Länder
Staatsminister Rolf Schwanitz
Büroleiterin: MinR'in Ritter

Abteilung 5
Politische Analysen und Grundsatzfragen
MinDir Dr. Nowak
Ständiger Vertreter:
VA Cordes

Referat 501
Grundsatzfragen; Trendanalysen des wirschaftlich-technischen und des sozialen Wandels; Auswertung der Meinungsforschung
VA Grafe

Referat 502
Längerfristige Planungsfragen
N.N.

Referat 503
Auswertung von Programmen und Modellen politischer Problemlösungen
VA Bucksteeg

Referat 504
Politische Planung der Legislaturperiode; Aufgabenplanung
VA Dr. Raskob

Referat 505
Verbindung zu Kirchen und Religionsgemeinschaften
MinR'in Tempel

Referat 506
Recherchen und Dokumentation
VA Wagenknecht

Abteilung 6
Bundesnachrichtendienst; Koordinierung der Nachrichtendienste des Bundes
MinDir Uhrlau
Ständiger Vertreter:
MinR Wenckebach

Referat 601
Bundesnachrichtendienst;
Dienstaufsicht, Personal, Organisation, Haushalt, Recht der Informationsgewinnung, Sicherheit, Vergabeprüfstelle
MinR Friehe

Referat 602
Nachrichtendienstliche Lageinformation; Auftragssteuerung des Bundesnachrichtendienstes; Auslandsbeziehungen
MinR'in Dr. Vollmer

Referat 603
Koordinierung der Nachrichtendienste des Bundes; Staatssekretärausschuss für das geheime Nachrichtenwesen; parlamentarische Kontrollgremien; Bundesamt für Verfassungsschutz; Militärischer Abschirmdienst
MinR Radau

Referat 604
Nachrichtendienstliche Informationsverwertung: Proliferation, internationaler Waffen- und Rauschgifthandel, internationale Geldwäsche, G10-Angelegenheiten
MinR Dr. Hetzer

Referat 605
Nachrichtendienstliche Informationsverwertung auf dem Gebiet des Terrorismus; Unterstützung des Beauftragten für die Nachrichtendienste in besonderen Einzelfällen
MinR Vorbeck

04
Arbeitsstab:
Angelegenheiten der neuen Länder
Leiter: MinDgt Biedermann

Referat 041
Grundsatzfragen
MinR Dr. Mangold

Referat 042
Koordinierung neue Länder; Kabinettausschuss neue Länder
RegDir Dornbusch

Referat 043
Finanz-, arbeitsmarkt-, sozialpolitische Fragen; Landwirtschaft
VA Dr. Nägele

Referat 044
Treuhandnachfolgeeinrichtungen; Infrastruckturpolitik; EU-Beihilfefragen
VA Dr. Klocksin

Refarat 045
Wirtschaft und Technologieförderung
VA Dr. Dahremöller

ministerien, sind jedoch in der Regel kleiner und im Aufgabenzuschnitt flexibler. Basisarbeitseinheit ist auch im Bundeskanzleramt das Referat.

Abteilung 1 ist zuständig für die Zentralverwaltung und andere Querschnittfunktionen, z.B. im Bund-Länder-Verhältnis. Außerdem werden dort Aufgaben der Ressortkoordination aus den Bereichen Inneres und Recht erfüllt.

Die Abteilungen 2, 3 und 4 sowie einzelne Arbeitseinheiten aus anderen Abteilungen leisten die Ressortkoordinierung für die meisten Bereiche der Politik. Die Abteilung 5 ist zuständig für politische Analysen und Grundsatzfragen. Die Abteilung 6 bearbeitet Angelegenheiten des Bundesnachrichtendienstes und der Koordinierung der Nachrichtendienste.

Schließlich besteht ein Lagezentrum, das die Erreichbarkeit des Bundeskanzleramtes rund um die Uhr sichert. Es ist dem Büro ChBK zugeordnet.

Dem Bundeskanzleramt gehören insgesamt etwa 500 Mitarbeiter an, davon annähernd 140 im höheren Dienst. Ca. 200 Mitarbeiter gehören zum Referat „Innerer Dienst" und erfüllen Aufgaben, die für das Funktionieren der Behörde, nicht zuletzt auf technischem Gebiet, von besonderer Bedeutung sind.

4.4 Aufgabenerledigung durch das Bundeskanzleramt und Arbeitsweise

4.4.1 Leitungsbereich

Die Arbeitsweise im Leitungsbereich wird geprägt von den Aufgaben des Bundeskanzlers, von denen bereits oben im 3. Kapitel die Rede war.

Zur Erfüllung ihrer Aufgaben pflegen der Bundeskanzler, der Chef des Bundeskanzleramtes und die Staatsminister politische Kontakte in verschiedene Richtungen, insbesondere:

- innerhalb der Bundesregierung
- im Verhältnis zu den im Bundestag vertretenen Parteien und Fraktionen sowie vielen ihrer Mitglieder

- zu den Bundesländern
- zu bedeutsamen staatlichen Einrichtungen
- zu gesellschaftlichen Gruppen und Einzelpersönlichkeiten
- zu Repräsentanten ausländischer Staaten.

Je nach dem parteipolitischen Amt, das der Bundeskanzler innehat, ergeben sich noch zusätzlich viele Kontakte mit den Gliederungen und Mitgliedern seiner Partei. Während dem Bundeskanzler für seine staatlichen Funktionen das Bundeskanzleramt – und dort insbesondere das Kanzlerbüro – zur Verfügung steht, wird er im parteipolitischen Bereich vor allem durch die Zentrale seiner Partei unterstützt, insbesondere durch das Büro des Parteivorsitzenden.

Die Kontakte im Staatsamt im einzelnen werden grundsätzlich in Facharbeitseinheiten des Bundeskanzleramtes vorbereitet.

Arbeitszimmer von Bundeskanzler Gerhard Schröder im ehemaligen Staatsratsgebäude.

Die Trennungslinie zwischen Staats- und Parteiangelegenheiten ist häufig nicht scharf zu ziehen und verlangt Fingerspitzengefühl. Bei dieser Frage muss auch bedacht werden, dass der Bundeskanzler bei Kontakten mit seiner Partei stets auch sein Staatsamt im Auge behalten muss. Wenn und soweit er die Regierungsmeinung in Kontakten mit seiner Partei einzubringen hat – und häufig ist das so –, hat er auch Anspruch darauf, von seinem Amt dabei beraten zu werden.

Koordinierung der Kontakte des Bundeskanzlers

Die Gesamtheit der Kontakte des Bundeskanzlers kann nicht schematisch erfasst werden. Die Gesamtkoordinierung der entsprechenden Termine des Bundeskanzlers obliegt in erster Linie dem Leitungsbereich. Dabei trifft die Entscheidung über jeden seiner Termine der Bundeskanzler selbst.

Lagebesprechungen

Um die tägliche Arbeit koordinieren zu können, pflegt der Bundeskanzler häufig oder regelmäßig morgens einen kleinen Kreis enger Mitarbeiter zu einer Besprechung einzuladen. Stattdessen oder zusätzlich tritt der Chef des Bundeskanzleramtes in der Regel mehrmals in der Woche morgens früh mit den Abteilungsleitern des Bundeskanzleramtes, dem Regierungssprecher und einigen weiteren Mitarbeitern zu einer Lagebesprechung zusammen. In diesen Besprechungen werden übergreifende aktuelle Themen erörtert. Diese Erörterung führt häufig zu Aufträgen an die Fachabteilungen des Hauses. An den Tagen, an denen Bundespressekonferenzen stattfinden, können diese Aufträge z.B. darin bestehen, ein Sachproblem für die Darstellung durch den Regierungssprecher aufzubereiten.

Regelmäßige Termine für Parlament und Regierung

Die Arbeitsweise des Leitungsbereichs ist wesentlich geprägt durch den wöchentlichen Arbeitsrhythmus von Parlament und Regierung. Typischerweise finden in einer Sitzungswoche von Bundestag und Bundesrat folgende für die beiderseitige Arbeit wichtige Termine statt (Änderungen dieser Termine kommen vor, sind aber nicht die Regel):

Montags

vormittags:	Sitzung der beamteten Staatssekretäre
mittags:	Bundespressekonferenz
nachmittags:	Sitzung von Fraktionsvorständen

Dienstags

morgens (häufig):	Koalitionsgespräch
vormittags:	Sitzungen der Arbeitsgruppen der Fraktionen
nachmittags:	Sitzungen der Fraktionen
außerdem dienstags:	Sitzungen der meisten Landesregierungen

Mittwochs

vormittags:	Kabinettsitzung
mittags:	• Regierungsbefragung • Bundespressekonferenz
nachmittags:	Fragestunde im Bundestag
ganztags (vorwiegend vormittags):	Ausschusssitzungen des Bundestages

Donnerstags	Plenar- und gelegentlich Ausschusssitzungen des Bundestages

Freitags

vormittags:	Plenar- und Ausschusssitzungen des Bundestages
spät-vormittags:	Bundespressekonferenz
außerdem etwa monatlich:	Sitzung des Bundesrates

Dies macht deutlich, dass Spielräume für sonstige Termine begrenzt sind.

4.4.2 Koordinierung/Ressortbetreuung

Die meisten Arbeitseinheiten des Bundeskanzleramtes erledigen dessen „klassische“ Aufgabe: Koordinierung und Ressortbetreuung. Für jedes Ressort gibt es im Bundeskanzleramt ein oder mehrere Mitarbeiter, die sich um Angelegenheiten dieses bestimmten Bundesministeriums kümmern. Im Regelfall ist ein Referat des Bundeskanzleramtes ein solches „Spiegelreferat“ für ein Ressort. Kleinere Ressorts können auch zusammen durch ein Referat „betreut“ werden. Bei größeren Ressorts (z.B. Auswärtiges Amt) ist diese Aufgabe auf mehrere Referate verteilt. Gelegentlich werden auch verwandte Aufgaben verschiedener Ressorts unter der Zuständigkeit eines Referates im Bundeskanzleramt zusammengeführt, z.B. die Zuständigkeit für die Bundesministerien des Innern und der Justiz als Verfassungsressorts.

„Spiegelreferate“

Aufgabe dieser „Spiegelreferate“ ist es, über alle wesentlichen Angelegenheiten „ihrer“ Ressorts informiert zu sein oder sich binnen kurzem informieren zu können und eine Art „Scharnierfunktion“ zwischen diesem Ressort auf der einen Seite sowie Bundeskanzler und Bundeskanzleramt auf der anderen Seite zu sein. Dem „Spiegelreferat“ obliegt es, alle Vorgänge aus dem Ressort zur Information für etwaige Entscheidungen durch Bundeskanzler und Bundeskabinett aufzubereiten. Umgekehrt hat es die Entscheidungen des Bundeskanzlers und des Bundeskabinetts gegenüber „seinem“ Ressort zu begleiten und zu fördern. Ergänzend ist auf die Darstellung im 3. Kapitel zu verweisen.

Weltwirtschaftsgipfel im Palais Schaumburg während der Kanzlerschaft von Helmut Schmidt 1978.

Von besonderer Bedeutung ist diese Arbeit auf dem Gebiet der Außenpolitik. Es entspricht den Gepflogenheiten, dass ausländische Staats- und Regierungschefs – und in herausgehobenen Fällen auch bestimmte ausländische Fachminister – bei einem Besuch in der Bundesrepublik Deutschland auch mit dem Bundeskanzler zusammentreffen und dass dieser solche Besuche in angemessenen Abständen erwidert. Auf Grund der wichtigen Verantwortung, die Deutschland, zumal nach der Schaffung der Deutschen Einheit, in der internationalen Politik zu tragen hat, ergeben sich hier zahlreiche internationale Treffen. Dabei kommt hinzu, dass Deutschland mit einer Reihe besonders befreundeter oder wichtiger Staaten regelmäßige Konsultationen in zum Teil eng bemessenen Abständen vereinbart hat. Alle diese Begegnungen werden – gestützt auf Vorarbeiten des Auswärtigen Amtes und der anderen fachlich betroffenen Ressorts – letztlich im Bundeskanzleramt vorbereitet.

Pressekonferenz von Bundeskanzler Gerhard Schröder mit dem chinesischen Ministerpräsidenten Zhu Rongji nach dessen Staatsbesuch am 30. Juni 2000.

4.4.3 Querschnittfunktionen

In jeder Behörde kann man – grob vereinfacht – drei Funktionsbereiche unterscheiden: Den Bereich der zentralen Steuerung (Leitungsbereich), die Facheinheiten und sog. Querschnittfunktionen. Bei diesen Querschnittfunktionen handelt es sich um solche, deren Aufgabe sich – gewissermaßen „querschnittartig" – auf die gesamte Behörde oder größere Teile davon bezieht. „Klassische" Querschnittfunktionen sind solche, die sich auf die Verwaltung der Behörde selbst beziehen; davon soll erst später die Rede sein. Zu den spezifischen Querschnittsfunktionen im Bundeskanzleramt gehören aber auch solche, die sich auf alle Fachpolitiken erstrecken können und gegenüber gewissen Institutionen und Gremien Bündelungsarbeit zu leisten haben.

Davon seien hier zwei beispielhaft herausgegriffen, die jeweils in einem Referat wahrgenommen werden, und kurz skizziert:

Kabinett- und Parlamentangelegenheiten

- Kabinett- und Parlamentangelegenheiten:
  Hier wird insbesondere die Tagesordnung für das Kabinett vorbereitet. Die Stellungnahmen der einzelnen Facharbeitseinheiten zu den in Betracht kommenden Besprechungspunkten werden zusammengetragen und so der politischen Leitung vorgelegt, dass über den Ablauf der Kabinettsitzung entschieden werden kann. Weiter wird hier die Zuleitung von Gesetz- und Verordnungsentwürfen sowie von weiteren zuleitungsfähigen Texten an die gesetzgebenden Körperschaften sowie an Institutionen organisiert, die förmliche Befugnisse im Gesetzgebungsverfahren haben. Auch dabei fußt die Arbeit jeweils auf Stellungnahmen der einzelnen Facharbeitseinheiten. Darüber hinaus ist das Referat Verbindungsstelle zum Bundestag sowohl für das Bundeskanzleramt als auch für die allgemeinen Belange aller Bundesministerien.

Bund-Länder-Angelegenheiten

- Bund-Länder-Fragen:
  Hier werden alle für den Bundeskanzler und das Bundeskanzleramt bedeutsamen Fragen, die das Bund-Länder-Verhältnis betreffen, bearbeitet. Insbesondere werden hier die Sitzungen des Bundesrates und des Vermittlungsausschusses sowie die Besprechungen des Bundeskanzlers mit den

Regierungschefs der Länder und die des Chefs des Bundeskanzleramtes mit den Chefs der Staats- und Senatskanzleien vorbereitet. Überdies kommt der für Bund-Länder-Fragen zuständige Staatsminister beim Bundeskanzler regelmäßig (d.h. in der Regel wöchentlich in engem zeitlichem Zusammenhang mit Kabinettsitzungen) mit den Bevollmächtigten der Bundesländer beim Bund im sog. „Ständigen Beirat" zusammen, um insbesondere Verfahrensfragen zwischen Bund und Ländern abzustimmen. Auch für alle diese Besprechungen werden Stellungnahmen der jeweils zuständigen Arbeitseinheiten im Bundeskanzleramt zusammengetragen, gebündelt und für den Bundeskanzler, den Chef des Bundeskanzleramtes sowie die Staatsminister aufbereitet.

Auch bei den nachfolgend dargestellten Arbeitseinheiten kann – zumindest zum Teil – von Querschnittfunktionen gesprochen werden. Sie sollen aber wegen ihrer spezifischen Bedeutung jeweils gesondert dargestellt werden.

4.4.4 Kommunikation, Information, Öffentlichkeitsarbeit

In einer modernen Demokratie ist die Freiheit von Presse und Rundfunk, die im Grundrecht des Art. 5 GG wurzelt, ein wichtiger Faktor für die Bildung der öffentlichen Meinung und so für die Teilhabe der Bürger an politischen Vorgängen. Die öffentliche Meinung ist das Ergebnis einer in freier geistiger Auseinandersetzung geführten öffentlichen Diskussion über Gegenstände von allgemeinem Interesse und staatspolitischer Bedeutung. In dieser öffentlichen Diskussion muss die Stimme der Bundesregierung der ihr von der Verfassung gegebenen Verantwortung entsprechend zur Sprache gebracht werden. Äußerungen des Bundeskanzlers spielen dabei eine herausragende Rolle.

Vor diesem Hintergrund kommt insbesondere folgenden Aspekten für die Arbeit des Bundeskanzleramtes besondere Bedeutung zu:

- Konzentrierte Information des Bundeskanzlers über die wichtigsten Beiträge in laufenden politischen Diskussionen,

- sorgfältige Hilfe und Vorbereitung bei öffentlichen Äußerungen des Bundeskanzlers im In- und Ausland, soweit dies die Umstände erlauben,
- Erläuterungen gegenüber Medienvertretern bei Rückfragen zur Regierungspolitik.

Spezifische Zuarbeit zum Bundeskanzler

Die Arbeit des Presse- und Informationsamtes der Bundesregierung ist auf den Bundespräsidenten und die gesamte Bundesregierung ausgerichtet. Einen Schwerpunkt bildet dabei die unmittelbare Zuarbeit zum Bundeskanzler selbst. Sie wird kanzleramtsspezifisch ergänzt durch Arbeitseinheiten im Bundeskanzleramt. Der Bundeskanzler hält im Jahr in der Regel über 100 öffentliche Ansprachen und äußert sich in zahlreichen Interviews, schriftlichen Grußworten, Beiträgen und sonstigen Mitteilungen. Ähnliches – wenn auch nicht in diesem Maße – obliegt anderen Leitungspersönlichkeiten im Amt. Sie bedürfen bei der Erfüllung dieser Aufgabe ebenfalls der Hilfe sachkundiger Mitarbeiter des Bundeskanzleramtes. Dafür sind entsprechende Arbeitseinheiten eingerichtet.

4.4.5 Planung

Langfristig angelegte Politik setzt voraus, dass über der Tagesarbeit die Gesamtzusammenhänge und die Zukunftsperspektiven nicht nur nicht aus dem Auge verloren werden, sondern die ihr gebührende Bedeutung erhalten. Angesichts gesellschaftlicher Veränderungen muss Offenheit auch für neue künftige Fragestellungen und daraus abzuleitende politische Folgerungen bestehen; daran muss frühzeitig gearbeitet werden. Dies zu tun und darauf zu achten, ist bereits die Aufgabe jeder Facharbeitseinheit gerade im Bundeskanzleramt. Dies folgt schon aus der gesamtpolitischen Verantwortung des Bundeskanzleramtes und seinem naturgemäß breiteren politischen Überblick.

Offenheit für neue künftige Fragestellungen

Langfristige Planung kann aber nicht nur in den bestehenden Facharbeitseinheiten mitgeleistet werden. Auch kann nicht stets davon ausgegangen werden, dass sie für die Gesamtheit der Politik in den Ressorts geleistet wird. Vielmehr müssen Kapazitäten dafür vorgehalten werden, dass die für solche Fragestellungen notwendigen gesellschaftlichen und politischen Analysen im Bundeskanzleramt, auch unter Hinzuziehung von externen oder nur auf Zeit hier beschäftigten Wissenschaftlern, erarbeitet und in angemessener Weise in die Regierungsarbeit eingegeben werden können. Dafür bestehen entsprechende Arbeitseinheiten.

Ablaufplanung

Außerdem obliegt es dem Bundeskanzleramt, darüber zu wachen, dass und wie die in das Regierungsprogramm der Bundesregierung aufgenommenen Vorhaben erledigt werden. Man spricht hier von Ablaufplanung. Auch diese wird in einer Arbeitseinheit gebündelt. Durch technische Vorkehrungen und Zusammenarbeit mit den Facharbeitseinheiten kann das Bundeskanzleramt sich so jederzeit kurzfristig über den Stand der Vorhabenerfüllung informieren und – darauf gestützt – erforderlichenfalls entsprechende politische Impulse geben.

4.4.6 Aufgabenerfüllung im Blick auf die Nachrichtendienste

Dem Bundeskanzleramt ist – wie oben (Kapitel 3.2.2) erwähnt – durch Organisationserlass des Bundeskanzlers die Ressortzuständigkeit betreffend den Bundesnachrichtendienst übertragen. Dieser Dienst ist dem Chef des Bundeskanzleramtes unterstellt. Dessen Vertreter ist ein Abteilungsleiter im Bundeskanzleramt; die von ihm geleitete Abteilung unterstützt den Chef des Bundeskanzleramtes bei dessen Aufgabe.

Der Beauftragte für die Nachrichtendienste

Eine weitere wichtige Aufgabe ist die des Beauftragten für die Nachrichtendienste. Diese Aufgabe weist der genannte Organisationserlass einem Staatsminister oder einem Staatssekretär im Geschäftsbereich des Bundeskanzlers und des Bundeskanzleramtes zu. Gegenwärtig nimmt der Chef des Bundeskanzleramtes beide Aufgaben in Personalunion wahr. Dem Beauftragten obliegt die Koordinierung und Intensivierung der Zusammenarbeit der drei Nachrichtendienste des Bundes untereinander und ihre ressortübergreifende Zusammenarbeit mit anderen Behörden und Dienststellen. Diese drei Nachrichtendienste sind verschiedenen Ressorts zugeordnet: Der Bundesnachrichtendienst dem Bundeskanzleramt, das Bundesamt für Verfassungsschutz dem Bundesministerium des Innern und der Militärische Abschirmdienst dem Bundesministerium der Verteidigung.

Geheime Nachrichtendienste erfüllen auch und gerade in einer Demokratie eine wichtige Aufgabe. In einer streitbaren Demokratie, deren rechtsstaatliche Ordnung zu erhalten ist, sind an Gesetz und Recht gebundene Nachrichtendienste ein unverzichtbares Instrument. Die Natur ihrer Aufgabe erfordert grundsätzlich Geheimhaltung, zumal sich auch Gegner der freiheitlich-demokratischen Grundordnung konspirativer Mittel bedienen. Gerade diese Geheimhaltung macht zugleich Koordinierung besonders wichtig, wenn Informationen nicht nur vereinzelt gesammelt, sondern im Interesse wirksamen rechtsstaatlichen Handelns und unter Wahrung des bestehenden Rechts zusammengeführt und gebündelt werden sollen. Dies macht die hier bestehende Schwierigkeit der Aufgabe deutlich. Im Rahmen der Koordinierungstätigkeit gehören zu den Aufgaben des Beauftragten für die Nachrichtendienste insbesondere

- der Vorsitz des Staatssekretärsausschusses für das geheime Nachrichtenwesen und die Sicherheit,
- die Mitwirkung bei der parlamentarischen Behandlung der Haushaltsangelegenheiten der drei Dienste und
- die Koordinierung der Vorbereitung von Sitzungen des Parlamentarischen Kontrollgremiums.

Gegenüber dem Parlamentarischen Kontrollgremium

Der parlamentarischen Kontrolle von Nachrichtendiensten kommt im Rechtsstaat besondere Bedeutung zu. Deshalb ist durch Gesetz ein Parlamentarisches Kontrollgremium des Bundestages eingerichtet. Es obliegt der Bundesregierung, vor diesem Gremium Rede und Antwort zu stehen, auch und gerade in sensiblen Angelegenheiten der Nachrichtendienste. Dies koordiniert der Beauftragte für die Nachrichtendienste, freilich unter Wahrung der Ressortverantwortung für die einzelnen Nachrichtendienste.

Für seine Aufgabe sind dem Beauftragten insbesondere einige Informations- und Beteiligungsrechte eingeräumt. Für die Erfüllung seiner Aufgaben sind ihm Arbeitseinheiten in der für Angelegenheiten der Nachrichtendienste zuständigen Abteilung des Bundeskanzleramtes zugeordnet.

4.4.7 Zentralverwaltung

Wie jedes Bundesministerium hat auch das Bundeskanzleramt Arbeitseinheiten für Personal, Haushalt, Organisation und Inneren Dienst.

Bei der Personalverwaltung ist zu unterscheiden zwischen Personalangelegenheiten der Bundesregierung und denen des Bundeskanzleramtes. Personalangelegenheiten der Bundesregierung sind solche, die Bundesminister oder Parlamentarische Staatssekretäre unmittelbar selbst betreffen, und solche, mit denen das Kabinett aufgrund ihrer besonderen Bedeutung nach der GOBReg zu befassen ist. Hier hilft das Bundeskanzleramt bei der Vorbereitung und Umsetzung der Entscheidungen des Bundeskanzlers und des Bundeskabinetts.

Personalverwaltung des Bundeskanzleramtes

Bei der Personalverwaltung des Bundeskanzleramtes selbst kommt es darauf an, darauf hinzuwirken, dass die Mitarbeiterschaft des Amtes so zusammengesetzt ist, dass sie der hier bestehenden besonders vielschichtigen und schwierigen Aufgabe gewachsen ist. Die Mitarbeiter des Amtes sollten sich in den von ihnen betreuten Fachpolitiken auskennen und zugleich den Gesamtzusammenhängen Rechnung tragen, denen gerade das Bundeskanzleramt verpflichtet ist. Dementsprechend stammen viele Mitarbeiter des Bundeskanzleramtes aus Bundesressorts, manche aus dem Dienst von Bundesländern, einige aus dem Dienst des Parlaments, von Parteien und Fraktionen.

Das Bundeskanzleramt muss die richtige Mischung finden aus Mitarbeitern, die frische Eindrücke aus der von ihnen betreuten Fachpolitik mitbringen und in der Regel nur wenige Jahre im Amt bleiben, und aus Mitarbeitern, die kraft ihrer längeren Erfahrungen auch im Bundeskanzleramt zu konsistenter und kontinuierlicher Aufgabenerfüllung beitragen. Gute Arbeit im Bundeskanzleramt setzt die richtige Zusammenführung von politischer und fachlicher Kreativität mit solider Erfahrung voraus. Dabei muss das Bundeskanzleramt in besonderem Maße darauf bedacht sein, personelle Verkrustungen zu vermeiden. Nur wer hinreichende innere Flexibilität aufbringt, sich für Veränderungen zu öffnen und neue Gedanken jüngerer Mitarbeiter zu fruchtbarer Arbeit zu führen, kann auf längere Zeit sinnvoll im Amt arbeiten. In der Regel muss das Bundeskanzleramt darauf achten, dass seine Mitarbeiter in kürzeren, meist mehrjährigen Abständen „rotieren“, und zwar zumeist mit ihrer sog. „Stammdienststelle“.

Rotationsbeschluss

Aus diesem Grund hat das Bundeskabinett am 4. Mai 1995 einen Beschluss über den Personalaustausch zwischen den Bundesministerien und dem Bundeskanzleramt gefasst (sog. „Rotationsbeschluss“). Danach soll dieser Personalaustausch weiter verstärkt werden. In dem Beschluss ist insbesondere näher geregelt, dass und wie die Ressorts gegenüber dem Bundeskanzleramt zur Entsendung und Rücknahme von Personal verpflichtet sind. Nicht selten beziehen Ressorts die Tätigkeit eines ihrer Mitarbeiter im Bundeskanzleramt in ihre Personalplanung ein und befördern ihn nach Rückkehr in Funktionen, in denen der im Bundeskanzleramt gewonnene breitere Überblick dem Ressort selbst zugute kommt. Gelegentlich müssen aber Ressorts auch an die Einhaltung des Rotationserlasses erinnert werden. Am einfachsten funktioniert die Rotation im Verhältnis zum Auswärtigen Amt, dessen Mitarbeiter in der Regel ohnehin einer häufigeren Rotation unterliegen, so dass eine Tätigkeit im Bundeskanzleramt in diese eingeplant werden kann; gleiches kann für das Bundesministerium der Verteidigung gelten.

5 Die bisherigen Bundeskanzler, die Chefs des Bundeskanzleramtes und die Parlamentarischen Staatssekretäre beim Bundeskanzler

5.1 Die bisherigen Bundeskanzler

Die bisherigen Bundeskanzler der Bundesrepublik Deutschland haben ihrer jeweiligen Regierungszeit deutliche politische und persönliche Konturen gegeben. Es kann nicht Aufgabe der nachfolgenden Darstellung sein, die Regierungschefs im einzelnen zu würdigen. Dies können andere Abhandlungen ausführlicher leisten. Mehrere Bundeskanzler haben ihre Memoiren geschrieben. Diese werden zu weiterführenden Lektüre insbesondere empfohlen.

Nachfolgend sollen die bisherigen Bundeskanzler lediglich mit einer kurzen Zeittafel ihres Lebens und im Bild vorgestellt werden.

Die meisten früheren Bundeskanzler sind von Malern portraitiert worden; die Portraits hängen im Bundeskanzleramt nahe dem Kabinettsaal. Neben einem Foto und diesen Portraits ist nachfolgend aus der Amtszeit jedes Bundeskanzlers ein Bild mit einem seiner Kabinette abgedruckt.

Konrad Adenauer
Foto von 1958 – Gemälde von Hans-Jürgen Kallmann 1963 – Sitzung seines Kabinetts im Palais Schaumburg.

Bundeskanzler Dr. Konrad Adenauer

1876	geboren am 5. Januar in Köln
1901	Abschluss der juristischen Ausbildung mit dem 2. Staatsexamen
1917	Oberbürgermeister von Köln (bis 1933); im selben Amt erneut im Jahre 1946
1921	Präsident des Preußischen Staatsrats (bis 1933)
1948	Präsident des Parlamentarischen Rats
1949	am 15. September Wahl zum 1. Bundeskanzler der Bundesrepublik Deutschland
1950	Bundesvorsitzender der CDU (bis 1966)
1953	Wiederwahl zum Bundeskanzler
1957	erneute Wiederwahl zum Bundeskanzler
1961	nochmalige Wiederwahl zum Bundeskanzler
1963	am 15. Oktober Rücktritt
1967	gestorben am 19. April in Rhöndorf

Ludwig Erhard
Foto von 1971– Gemälde von Günter Rittner 1974 – Sitzung seines Kabinetts im Palais Schaumburg 1965.

Bundeskanzler Prof. Dr. Ludwig Erhard

1897 geboren am 4. Februar in Fürth
1928 Abschluss des Studiums der Volks- und Betriebswirtschaft; danach wissenschaftlich tätig
1945 Bayer. Minister für Handel und Gewerbe (bis 1946)
1948 Direktor für Wirtschaft des Vereinigten Wirtschaftsgebiets; am 20. Juni Inkrafttreten der von ihm vorbereiteten Währungsreform
1949 Bundesminister für Wirtschaft in den Kabinetten von Bundeskanzler Konrad Adenauer (bis 1963)
1963 am 16. Oktober Wahl zum 2. Bundeskanzler der Bundesrepublik Deutschland
1965 Wiederwahl zum Bundeskanzler
1966 Bundesvorsitzender der CDU (bis 1967); am 1. Dezember Rücktritt
1977 gestorben am 5. Mai in Bonn

Kurt Georg Kiesinger
Foto von 1979 – Gemälde von Günter Rittner 1976 – Kabinettsitzung im Garten des Palais Schaumburg.

Bundeskanzler Dr. Kurt Georg Kiesinger

1904	geboren am 6. April in Ebingen, Württemberg
1934	Abschluss der juristischen Ausbildung mit dem 2. Staatsexamen
1949	Mitglied des Deutschen Bundestages (bis 1980, mit Unterbrechung 1958 bis 1969)
1958	Ministerpräsident von Baden-Württemberg (bis 1966)
1966	am 1. Dezember Wahl zum 3. Bundeskanzler der Bundesrepublik Deutschland
1967	Bundesvorsitzender der CDU (bis 1971)
1969	Ausscheiden aus dem Amt des Bundeskanzlers durch Neubildung der Bundesregierung nach der Bundestagswahl 1969
1988	gestorben am 9. März in Tübingen

Willy Brandt
Foto von 1972 – Gemälde von Oswald Petersen 1985 – Kabinettsitzung im Palais Schaumburg.

Bundeskanzler Willy Brandt

1913	geboren am 18. Dezember in Lübeck
1933	Emigration nach Norwegen. Dort und später in Schweden als Journalist tätig. Wiedereinbürgerung in Deutschland 1947
1949	Mitglied des Deutschen Bundestages (mit Unterbrechung von 1957 bis 1969)
1957	Regierender Bürgermeister von Berlin (bis 1966)
1964	Parteivorsitzender der SPD (bis 1987)
1966	Bundesminister des Auswärtigen (bis 1969)
1969	am 21. Oktober Wahl zum 4. Bundeskanzler der Bundesrepublik Deutschland
1971	Friedensnobelpreis
1974	Wiederwahl zum Bundeskanzler
1974	am 6. Mai Rücktritt vom Amt des Bundeskanzlers
1992	gestorben am 8. Oktober in Unkel

Helmut Schmidt
– Foto von 1985 – Gemälde von Bernhard Heisig – Kabinettsitzung im Neubau Bundeskanzleramt.

Bundeskanzler Helmut Schmidt

1918	geboren am 23. Dezember in Hamburg
1949	nach Abschluss des Studiums der Staatswissenschaften: Diplom-Volkswirt
1953	Mitglied des Deutschen Bundestages (bis 1990, mit Unterbrechung von 1961 bis 1965)
1961	Hamburger Innensenator (bis 1965)
1967	Vorsitzender der SPD-Bundestagsfraktion (bis 1969)
1969	Bundesminister der Verteidigung (bis 1972)
1972	Bundesminister für Wirtschaft und Finanzen; dann Bundesminister für Finanzen (bis 1974)
1974	am 16. Mai Wahl zum 5. Bundeskanzler der Bundesrepublik Deutschland
1976	Wiederwahl zum Bundeskanzler
1980	erneute Wiederwahl zum Bundeskanzler
1982	am 1. Oktober Ausscheiden aus dem Amt durch konstruktives Misstrauensvotum

Helmut Kohl
Foto von 1986 – Kabinettsitzung im Bundeskanzleramt 1985.

Bundeskanzler Dr. Helmut Kohl

1930	geboren am 3. April in Ludwigshafen
1958	nach Studium der Rechts-, Sozial- und Staatswissenschaften und der Geschichte Promotion zum Dr. phil.
1969	Ministerpräsident von Rheinland-Pfalz (bis 1976)
1973	Bundesvorsitzender der CDU
1976	Vorsitzender der CDU/CSU-Bundestagsfraktion (bis 1982)
1982	am 1. Oktober Wahl zum 6. Bundeskanzler der Bundesrepublik Deutschland durch konstruktives Misstrauensvotum
1983	Wiederwahl zum Bundeskanzler
1987	erneute Wiederwahl zum Bundeskanzler
1991	nach Schaffung der Deutschen Einheit am 3. Oktober 1990 und Bundestagswahl am 2. Dezember 1990 am 17. Januar Wiederwahl zum Bundeskanzler
1994	Nochmalige Wiederwahl zum Bundeskanzler
1998	Ausscheiden aus dem Amt des Bundeskanzlers durch Neubildung der Bundesregierung nach der Bundestagswahl 1998

Gerhard Schröder
Foto von 1999 – Kabinettsitzung im ehemaligen Staatsratsgebäude 2000.

Bundeskanzler Gerhard Schröder

1944	geboren am 7. April 1944 in Mossenberg
1976	nach Abschluss der juristischen Ausbildung Rechtsanwalt in Hannover
1990	Ministerpräsident des Landes Niedersachsen
1998	am 27. Oktober 1998 Wahl zum 7. Bundeskanzler der Bundesrepublik Deutschland
1999	Wahl zum Bundesvorsitzenden der SPD

5.2 Die bisherigen Chefs des Bundeskanzleramtes

An der Spitze des Bundeskanzleramtes kann ein Staatssekretär oder ein Bundesminister stehen. In den Anfangsjahren der Bundesrepublik Deutschland wurde jeweils ein Staatssekretär in dieses Amt berufen. Dabei blieb jeweils die politische Verantwortung für das Bundeskanzleramt beim Bundeskanzler selbst. Der Staatssekretär konzentrierte sich insbesondere auf die administrative Seite seines Amtes und die Binnenkoordinierung der Bundesregierung. Später vereinzelt und von 1984 bis 1999 fortlaufend wurde ein Bundesminister zum Chef des Bundeskanzleramtes berufen. Seit 1999 nimmt wieder ein Staatssekretär diese Aufgabe wahr.

An der Spitze des Bundeskanzleramtes seit Gründung der Bundesrepublik Deutschland standen bisher folgende Personen:

Dr. Franz-Josef Wuermeling, Staatssekretär
17. Oktober 1949 bis 1. März 1950*

Dr. Otto Lenz, Staatssekretär
15. Januar 1951 bis 19. September 1953

Dr. Hans Globke, Staatssekretär
28. Oktober 1953 bis 15. Oktober 1963

Prof. Dr. Ludger Westrick, Staatssekretär
18. Oktober 1963 bis 1. Dezember 1966
(ab 16. Juni 1964: Bundesminister für besondere Aufgaben)

Dr. Werner Knieper, Staatssekretär
13. Dezember 1966 bis 31. Dezember 1967

Prof. Dr. Karl Carstens, Staatssekretär
1. Januar 1968 bis 22. Oktober 1969

Prof. Dr. Horst Ehmke, Bundesminister
22. Oktober 1969 bis 18. Dezember 1972

* Franz-Josef Wuermeling nahm die Leitungsaufgabe als Staatssekretär, ohne allerdings besoldungsrechtlich bestellt worden zu sein, zumindest bis 1. März 1950 wahr. Danach wurde sie offenbar durch Vertreter ausgeübt. Zur Stellung von Prof. Dr. Walter Hallstein, der ab Sept. 1950 Staatssekretär im Bundeskanzleramt war, s.o. Kapitel 4.1.

Horst Grabert, Staatssekretär
18. Dezember 1972 bis 15. Mai 1974

Dr. Manfred Schüler, Staatssekretär
16. Mai 1974 bis 1. Dezember 1980

Manfred Lahnstein, Staatssekretär
1. Dezember 1980 bis 28. April 1982

Dr. Gerhard Konow, Staatssekretär
29. April 1982 bis 4. Oktober 1982

Prof. Dr. Waldemar Schreckenberger, Staatssekretär
4. Oktober 1982 bis 15. November 1984

Prof. Karl Carstens, der spätere Bundespräsident, war Chef des Bundeskanzleramtes von 1968 bis 1969. Das Bild zeigt ihn zwischen Kurt Georg Kiesinger und Willy Brandt bei der 1. Sitzung des Kabinetts Kiesinger/ Brandt am 7.12.1966.

Dr. Wolfgang Schäuble, Bundesminister
15. November 1984 bis 20. April 1989

Rudolf Seiters, Bundesminister
21. April 1989 bis 25. November 1991

Friedrich Bohl, Bundesminister
26. November 1991 bis 27. Oktober 1998

Bodo Hombach, Bundesminister
27. Oktober 1998 bis 7. Juli 1999

Dr. Frank-Walter Steinmeier, Staatssekretär
seit 7. Juli 1999

5.3 Die bisherigen Parlamentarischen Staatssekretäre beim Bundeskanzler

Zur Unterstützung der Mitglieder der Bundesregierung, insbesondere gegenüber dem Parlament, sind erstmals durch Gesetz vom 6. April 1967 (BGBl. I S. 396) Parlamentarische Staatssekretäre eingeführt worden. Parlamentarische Staatssekretäre werden vom Bundespräsidenten ernannt; der Ernennung zugrunde liegt ein Vorschlag des Bundeskanzlers, den dieser im Einvernehmen mit dem Bundesminister macht, bei dem der Parlamentarische Staatssekretär tätig werden soll. Dabei kann einem Parlamentarischen Staatssekretär das Recht verliehen werden, die Bezeichnung „Staatsminister" zu führen.

Auch zur politischen Unterstützung des Bundeskanzlers selbst wurden in der Folgezeit Parlamentarische Staatssekretäre berufen. Von der Möglichkeit, ihnen den Titel Staatsminister zu verleihen, ist für die Parlamentarischen Staatssekretäre beim Bundeskanzler seit der erstmaligen Berufung von Staatsminister Wischnewski in dieses Amt im Jahre 1976 überwiegend Gebrauch gemacht worden. Beim Bundeskanzler wurde anfangs nur ein Parlamentarischer Staatssekretär berufen; später wurden gleichzeitig zwei Parlamentarische Staatssekretäre ernannt. Solange noch das Amt eines Bevollmächtigten der Bundesregierung in Berlin bestand, war zeitweise ein dritter Parlamentarischer Staatssekretär mit dieser Aufgabe betraut.

Nachfolgend werden die Parlamentarischen Staatssekretäre beim Bundeskanzler aufgeführt, die bisher amtiert haben:

Karl-Theodor von und zu Guttenberg
17. April 1967 bis 20. Oktober 1969

Dr. Katharina Focke
22. Oktober 1969 bis 14. Dezember 1972

Karl Ravens
15. Dezember 1972 bis 16. Mai 1974

Marie Schlei
16. Mai 1974 bis 15. Dezember 1976

Hans-Jürgen Wischnewski, Staatsminister
15. Dezember 1976 bis 10. Dezember 1979

Gunther Huonker, Staatsminister
10. Dezember 1979 bis 29. April 1982

Hans-Jürgen Wischnewski, Staatsminister
29. April 1982 bis 4. Oktober 1982

Peter Lorenz
4. Oktober 1982 bis 12. März 1987

Friedrich Vogel, Staatsminister
4. Oktober 1982 bis 12. März 1987

Dr. Philipp Jenninger, Staatsminister
4. Oktober 1982 bis 5. November 1984

Dr. Lutz Stavenhagen, Staatsminister
12. März 1987 bis 3. Dezember 1991

Lieselotte Berger
12. März 1987 bis 26. September 1989

Günter Straßmeir
26. Oktober 1989 bis 17. Januar 1991

Anton Pfeifer, Staatsminister
25. Januar 1991 bis 27. Oktober 1998

Bernd Schmidbauer, Staatsminister
18. Dezember 1991 bis 27. Oktober 1998

Rolf Schwanitz, Staatsminister
seit 27. Oktober 1998

Hans Martin Bury, Staatsminister
seit 1. August 1999

Eine Sonderstellung nimmt ein Staatsminister beim Bundeskanzler ein, der zugleich Leiter einer obersten Bundesbehörde in dessen Geschäftsbereich ist. Dies gilt seit dem Regierungswechsel 1998 für den neu eingerichteten Beauftragten der Bundesregierung für Angelegenheiten der Kultur und der Medien. Dieses Amt hatte seit dem Regierungswechsel bis Ende 2000 Staatsminister Dr. Michael Naumann inne, seit 10. Januar 2001 Staatsminister Prof. Dr. Julian Nida-Rümelin.

5.4 Exkurs: Die Ehefrauen der Bundeskanzler

Viele dienstliche Aufgaben des Bundeskanzlers bringen es mit sich, dass auch seine Ehefrau insbesondere protokollarische und repräsentative Verpflichtungen zu tragen hat. Dies reicht von Staatsbesuchen bis zu weniger förmlichen Terminen. Auch wenden sich viele Bürger mit Anliegen an die Ehefrau des Bundeskanzlers, weil sie vermuten, bei ihr mehr Zeit, vielleicht aber auch mehr Aufgeschlossenheit zu finden, etwa indem sie glauben, aus der Sicht einer Frau könne ihr Vorbringen möglicherweise anders betrachtet werden.

Dies alles rückt die Ehefrau des Bundeskanzlers in eine quasistaatliche Verantwortung, der sie sich schwer entziehen kann, selbst wenn sie es wollte.

Mehrfach haben Ehefrauen von Bundeskanzlern diese Erfahrung nicht nur hingenommen, sondern sie bewusst zum Wohle der Allgemeinheit eingesetzt. Beispielhaft sei das Engagement der Ehefrauen der Bundeskanzler Helmut Schmidt, Helmut Kohl und Gerhard Schröder erwähnt:

Hannelore Schmidt hat sich in besonderem Maße für den Naturschutz eingesetzt. Sie rief deshalb u.a. 1976 das „Kuratorium zum Schutze gefährdeter Pflanzen“ ins Leben.

Hannelore Kohl wendet sich besonders Personen zu, die – vor allem als Opfer von Unfällen – Schäden am zentralen Nervensystem davongetragen haben. Sie ist Vorsitzende des von ihr gegründeten „Kuratoriums ZNS für Unfallverletzte mit Schäden des zentralen Nervensystems“. Darüber hinaus hat sie 1993 in diesem Zusammenhang die „Hannelore Kohl-Stiftung für Unfallopfer zur Förderung der Rehabilitierung Hirnverletzter" gegründet.

Doris Schröder-Köpf engagiert sich im sozialen Bereich insbesondere zu Gunsten von Kindern und Jugendlichen, die in Not geraten sind. Sie kümmert sich um zwei Drogenprojekte in Hannover und ist darüber hinaus Schirmherrin der Bundes-Arbeits-Gemeinschaft Kinder- und Jugendtelefon e.V. – „Die Nummer gegen Kummer".

Angesichts dessen, dass solche Tätigkeiten den Ehefrauen von Bundeskanzlern infolge des staatlichen Amtes ihres Mannes erwachsen sind, haben sie Anspruch auf fachliche Unterstützung durch das Bundeskanzleramt.

6 Anhang

6.1 Verfassungsrechtliche Regelungen

Der VI. Abschnitt des Grundgesetzes für die Bundesrepublik Deutschland vom 23. Mai 1949:

VI. Die Bundesregierung

Artikel 62
[Zusammensetzung]
Die Bundesregierung besteht aus dem Bundeskanzler und aus den Bundesministern.

Artikel 63
[Wahl und Ernennung des Bundeskanzlers]
(1) Der Bundeskanzler wird auf Vorschlag des Bundespräsidenten vom Bundestage ohne Aussprache gewählt.
(2) Gewählt ist, wer die Stimmen der Mehrheit der Mitglieder des Bundestages auf sich vereinigt. Der Gewählte ist vom Bundespräsidenten zu ernennen.
(3) Wird der Vorgeschlagene nicht gewählt, so kann der Bundestag binnen vierzehn Tagen nach dem Wahlgange mit mehr als der Hälfte seiner Mitglieder einen Bundeskanzler wählen.
(4) Kommt eine Wahl innerhalb dieser Frist nicht zustande, so findet unverzüglich ein neuer Wahlgang statt, in dem gewählt ist, wer die meisten Stimmen erhält. Vereinigt der Gewählte die Stimmen der Mehrheit der Mitglieder des Bundestages auf sich, so muss der Bundespräsident ihn binnen sieben Tagen nach der Wahl ernennen. Erreicht der Gewählte diese Mehrheit nicht, so hat der Bundespräsident binnen sieben Tagen entweder ihn zu ernennen oder den Bundestag aufzulösen.

Artikel 64
[Ernennung und Entlassung der Bundesminister]
(1) Die Bundesminister werden auf Vorschlag des Bundeskanzlers vom Bundespräsidenten ernannt und entlassen.
(2) Der Bundeskanzler und die Bundesminister leisten bei der Amtsübernahme vor dem Bundestage den in Artikel 56 vorgesehenen Eid.

Artikel 65
[Befugnisse in der Bundesregierung]
Der Bundeskanzler bestimmt die Richtlinien der Politik und trägt dafür die Verantwortung. Innerhalb dieser Richtlinien leitet jeder Bundesminister seinen Geschäftsbereich selbständig und unter eigener Verantwortung. Über Meinungsverschiedenheiten zwischen den Bundesministern entscheidet die Bundesregierung. Der Bundeskanzler leitet ihre Geschäfte nach einer von der Bundesregierung beschlossenen und vom Bundespräsidenten genehmigten Geschäftsordnung.

Artikel 65a
[Befehls- und Kommandogewalt]
Der Bundesminister für Verteidigung hat die Befehls- und Kommandogewalt über die Streitkräfte.

Artikel 66
[Unvereinbarkeiten]
Der Bundeskanzler und die Bundesminister dürfen kein anderes besoldetes Amt, kein Gewerbe und keinen Beruf ausüben und weder der Leitung noch ohne Zustimmung des Bundestages dem Aufsichtsrate eines auf Erwerb gerichteten Unternehmens angehören.

Artikel 67
[Konstruktives Misstrauensvotum]
(1) Der Bundestag kann dem Bundeskanzler das Misstrauen nur dadurch aussprechen, dass er mit der Mehrheit seiner Mitglieder einen Nachfolger wählt und den Bundespräsidenten ersucht, den Bundeskanzler zu entlassen. Der Bundespräsident muss dem Ersuchen entsprechen und den Gewählten ernennen.
(2) Zwischen dem Antrag und der Wahl müssen achtundvierzig Stunden liegen.

Artikel 68
[Vertrauensfrage, Auflösung des Bundestages]
(1) Findet ein Antrag des Bundeskanzlers, ihm das Vertrauen auszusprechen, nicht die Zustimmung der Mehrheit der Mitglieder des Bundestages, so kann der Bundespräsident auf Vorschlag des Bundeskanzlers binnen einundzwanzig Tagen den Bundestag auflösen. Das Recht zur Auflösung erlischt, sobald der Bundestag mit der Mehrheit seiner Mitglieder einen anderen Bundeskanzler wählt.
(2) Zwischen dem Antrage und der Abstimmung müssen achtundvierzig Stunden liegen.

Artikel 69

[Stellvertreter des Bundeskanzlers, Amtsdauer für Regierungsmitglieder]

(1) Der Bundeskanzler ernennt einen Bundesminister zu seinem Stellvertreter.

(2) Das Amt des Bundeskanzlers oder eines Bundesministers endigt in jedem Fall mit dem Zusammentritt eines neuen Bundestages, das Amt eines Bundesministers auch mit jeder anderen Erledigung des Amtes des Bundeskanzlers.

(3) Auf Ersuchen des Bundespräsidenten ist der Bundeskanzler, auf Ersuchen des Bundeskanzlers oder des Bundespräsidenten ein Bundesminister verpflichtet, die Geschäfte bis zur Ernennung seines Nachfolgers weiterzuführen.

Zum Vergleich:

Weimarer Verfassung
Vom 11. August 1919
Auszug

Art. 50 (Gegenzeichnung)
Alle Anordnungen und Verfügungen des Reichspräsidenten, auch solche auf dem Gebiete der Wehrmacht, bedürfen zu ihrer Gültigkeit der Gegenzeichnung durch den Reichskanzler oder den zuständigen Reichsminister. Durch die Gegenzeichnung wird die Verantwortung übernommen.

Art. 51 (Vertreter des Reichspräsidenten)
Der Reichspräsident wird im Falle seiner Verhinderung durch den Reichskanzler vertreten. Das gleiche gilt für den Fall einer vorzeitigen Erledigung der Präsidentschaft bis zur Durchführung der neuen Wahl.

Art. 52 (Zusammensetzung der Reichsregierung)
Die Reichsregierung besteht aus dem Reichskanzler und den Reichsministern.

Art. 53 (Ernennung und Entlassung)
Der Reichskanzler und auf seinen Vorschlag die Reichsminister werden vom Reichspräsidenten ernannt und entlassen.

Art. 54 (Entzug des Vertrauens)
Der Reichskanzler und die Reichsminister bedürfen zu ihrer Amtsführung des Vertrauens des Reichstags. Jeder von ihnen muss zurücktreten, wenn ihm der Reichstag durch ausdrücklichen Beschluss sein Vertrauen entzieht.

Art. 55 (Aufgaben des Reichskanzlers)
Der Reichskanzler führt den Vorsitz in der Reichsregierung und leitet ihre Geschäfte nach einer Geschäftsordnung, die von der Reichsregierung beschlossen und vom Reichspräsidenten genehmigt wird.

Art. 56 (Richtlinienkompetenz)
Der Reichskanzler bestimmt die Richtlinien der Politik und trägt dafür gegenüber dem Reichstag die Verantwortung. Innerhalb dieser Richtlinien leitet jeder Reichsminister den ihm anvertrauten Geschäftszweig selbständig und unter eigener Verantwortung gegenüber dem Reichstag.

Art. 57 (Gegenstand der Beratung und Beschlussfassung)
Die Reichsminister haben der Reichsregierung alle Gesetzentwürfe, ferner Angelegenheiten, für welche Verfassung oder Gesetz dieses vorschreiben, sowie Meinungsverschiedenheiten über Fragen, die den Geschäftsbereich mehrerer Reichsminister berühren, zur Beratung und Beschlussfassung zu unterbreiten.

Art. 58 (Beschlüsse)
Die Reichsregierung fasst ihre Beschlüsse mit Stimmenmehrheit. Bei Stimmengleichheit entscheidet die Stimme des Vorsitzenden.

6.2 Geschäftsordnung der Bundesregierung und Rahmenregelungen für den Geschäftsablauf der Kabinettausschüsse der Bundesregierung

Geschäftsordnung der Bundesregierung vom 11.5.1951 (GMBl. S. 137), zuletzt geändert am 17.7.1987 (GMBl. S. 382):

Inhaltsübersicht

I. Der Bundeskanzler

§ 1 Richtlinien der Politik
§ 2 Einheitlichkeit der Geschäftsführung
§ 3 Unterrichtung durch Bundesminister
§ 4 Änderung der Richtlinien der Politik
§ 5 Unterrichtung des Bundespräsidenten
§ 6 Geschäfte der Bundesregierung
§ 7 Staatssekretär des Bundeskanzlers der Bundesregierung

II. Stellvertretung des Bundeskanzlers

§ 8 Stellvertreter

III. Die Bundesminister

§ 9 Geschäftsbereich der Bundesminister
§ 10 Empfang von Abordnungen
§ 11 Auswärtige Regierungen, zwischenstaatliche Einrichtungen
§ 12 Äußerungen der Bundesminister
§ 13 Abwesenheit der Bundesminister
§ 14 Vertretung der Bundesminister
§ 14a Aufgaben der Parlamentarischen Staatssekretäre

IV. Die Bundesregierung

§ 15 Angelegenheiten zur Beratung und Beschlussfassung der Bundesregierung
§ 16 Beratung der beteiligten Bundesminister
§ 17 Meinungsverschiedenheiten zwischen Bundesministern
§ 18 Ernennung von Beamten, Anstellung von Angestellten
§ 19 Entlassung von Beamten
§ 20 Form der Beschlussfassung der Bundesregierung
§ 21 Vorbereitung der Sitzungen der Bundesregierung
§ 22 Durchführung der Sitzungen der Bundesregierung

§ 23 Teilnehmer an den Sitzungen der Bundesregierung
§ 24 Beschlussfähigkeit der Bundesregierung
§ 25 Wortlaut der Beschlüsse der Bundesregierung
§ 26 Widerspruchsrecht des Bundesministers der Finanzen, der Justiz, des Innern gegen Beschlüsse der Bundesregierung
§ 27 Niederschrift über Sitzungen der Bundesregierung
§ 28 Zuleitung beschlossener Vorlagen an die gesetzgebenden Körperschaften
§ 29 Vollziehung von Gesetzen, Verfügungen und Anordnungen durch den Bundespräsidenten
§ 30 Zeichnung von Verordnungen
§ 31 Besprechungen der Bundesregierung mit den präsidierenden Mitgliedern der Landesregierungen

Die Bundesregierung hat nach Artikel 65 des Grundgesetzes folgende, von dem Bundespräsidenten genehmigte Geschäftsordnung beschlossen:

I. Der Bundeskanzler

§ 1

(1) Der Bundeskanzler bestimmt die Richtlinien der inneren und äußeren Politik. Diese sind für die Bundesminister verbindlich und von ihnen in ihrem Geschäftsbereich selbständig und unter eigener Verantwortung zu verwirklichen. In Zweifelsfällen ist die Entscheidung des Bundeskanzlers einzuholen.
(2) Der Bundeskanzler hat das Recht und die Pflicht, auf die Durchführung der Richtlinien zu achten.

§ 2

Neben der Bestimmung der Richtlinien der Politik hat der Bundeskanzler auch auf die Einheitlichkeit der Geschäftsführung in der Bundesregierung hinzuwirken.

§ 3

Der Bundeskanzler ist aus dem Geschäftsbereich der einzelnen Bundesminister über Maßnahmen und Vorhaben zu unterrichten, die für die Bestimmung der Richtlinien der Politik und der Leitung der Geschäfte der Bundesregierung von Bedeutung sind.

§ 4

Hält ein Bundesminister eine Erweiterung oder Änderung der Richtlinien der Politik für erforderlich, so hat er dem Bundeskanzler unter Angabe der Gründe hiervon Mitteilung zu machen und seine Entscheidung zu erbitten.

§ 5
Der Bundeskanzler unterrichtet den Bundespräsidenten laufend über seine Politik und die Geschäftsführung der einzelnen Bundesminister durch Übersendung der wesentlichen Unterlagen, durch schriftliche Berichte über Angelegenheiten von besonderer Bedeutung sowie nach Bedarf durch persönlichen Vortrag.

§ 6
Der Bundeskanzler leitet die Geschäfte der Bundesregierung nach Maßgabe des IV. Abschnittes.

§ 7
(1) Der Staatssekretär des Bundeskanzleramtes nimmt zugleich die Geschäfte eines Staatssekretärs der Bundesregierung wahr.
(2) Er kann die an den Bundeskanzler gerichteten oder ihm von dem Bundespräsidenten überwiesenen Schreiben unmittelbar an den zuständigen Bundesminister weiterleiten. Empfiehlt der zuständige Bundesminister eine Beantwortung durch den Bundeskanzler, so legt er dem Bundeskanzler einen entsprechenden Entwurf vor.

II. Stellvertretung des Bundeskanzlers

§ 8
Ist der Bundeskanzler an der Wahrnehmung der Geschäfte allgemein verhindert, so vertritt ihn der gemäß Artikel 69 des Grundgesetzes zu seinem Stellvertreter ernannte Bundesminister in seinem gesamten Geschäftsbereich. Im übrigen kann der Bundeskanzler den Umfang seiner Vertretung näher bestimmen.

III. Die Bundesminister

§ 9
Der Geschäftsbereich der einzelnen Bundesminister wird in den Grundzügen durch den Bundeskanzler festgelegt. Bei Überschneidungen und sich daraus ergebenden Meinungsverschiedenheiten zwischen den einzelnen Bundesministern entscheidet die Bundesregierung durch Beschluss.

§ 10
(1) Abordnungen (Deputationen) sollen in der Regel nur von dem federführenden Fachminister oder seinem Vertreter empfangen werden. Sie sind vorher um Angabe des Verhandlungsgegenstandes zu ersuchen. Erscheint ein gemeinsamer Empfang angezeigt, so benachrichtigt der angegangene Bundesminister die außer ihm noch in Frage kommenden Bundesminister.

(2) Der Bundeskanzler empfängt Abordnungen nur in besonderen Fällen.

§ 11

(1) Mitglieder und Vertreter auswärtiger Regierungen sowie Vertreter zwischenstaatlicher Einrichtungen sollen nur nach vorherigem Benehmen mit dem Auswärtigen Amt empfangen werden.
(2) Verhandlungen mit dem Ausland oder im Ausland dürfen nur mit Zustimmung des Auswärtigen Amtes, auf sein Verlangen auch nur unter seiner Mitwirkung geführt werden.
(3) Die Bestimmungen der Absätze 1 und 2 gelten nicht für den Bundesminister für den Marshallplan, soweit er in Ausübung der ihm übertragenen Aufgaben tätig ist. Er hat jedoch das Auswärtige Amt über Verhandlungen mit dem Ausland oder im Auslande und über solche Besprechungen mit Vertretern auswärtiger Regierungen sowie Vertretern zwischenstaatlicher Einrichtungen zu unterrichten, die über die Erledigung laufender Angelegenheiten seines Geschäftsbereiches hinausgehen.

§ 12

Äußerungen eines Bundesministers, die in der Öffentlichkeit erfolgen oder für die Öffentlichkeit bestimmt sind, müssen mit den vom Bundeskanzler gegebenen Richtlinien der Politik in Einklang stehen.

§ 13

(1) Jeder Bundesminister macht, bevor er den Sitz der Bundesregierung länger als 1 Tag verlässt, dem Bundeskanzler Mitteilung. Bei Abwesenheit von mehr als 3 Tagen und bei Auslandsreisen ist das Einvernehmen mit dem Bundeskanzler herzustellen.
(2) Zur Annahme von Einladungen in das Ausland ist die Zustimmung des Bundeskanzlers erforderlich.
(3) Bevor ein Bundesminister den Sitz der Bundesregierung verlässt, gibt er dem Bundeskanzler die Anschrift an, unter der er während seiner Abwesenheit zu erreichen ist.

§ 14

(1) Ist ein Bundesminister verhindert, so wird er in der Regierung durch den dazu bestimmten Bundesminister vertreten.
(2) Für Erklärungen vor dem Bundestag, vor dem Bundesrat und in den Sitzungen der Bundesregierung wird der Bundesminister durch den Parlamentarischen Staatssekretär vertreten. Der Bundesminister kann für Einzelfälle anordnen, dass solche Erklärungen durch den Staatssekretär abgegeben werden.
(3) Als Leiter einer obersten Bundesbehörde wird ein Bundesminister im Falle seiner Verhinderung durch den Staatssekretär und in dem Aufgabenbereich, der dem Parlamentarischen Staatssekretär

nach § 14a übertragen worden ist, sowie in den von ihm bestimmten Einzelfällen von diesem vertreten.

§ 14a

Der Bundesminister bestimmt im einzelnen, welche Aufgaben der Parlamentarische Staatssekretär wahrnehmen soll.

IV. Die Bundesregierung

§ 15

(1) Der Bundesregierung sind zur Beratung und Beschlussfassung zu unterbreiten alle Angelegenheiten von allgemeiner innen- oder außenpolitischer, wirtschaftlicher, sozialer, finanzieller oder kultureller Bedeutung, insbesondere

a) alle Gesetzentwürfe,
b) alle Entwürfe von Verordnungen der Bundesregierung,
c) sonstige Verordnungsentwürfe, wenn sie von besonderer politischer Bedeutung sind,
d) die Stellungnahme des Bundesrates zu den Vorlagen der Bundesregierung,
e) alle Angelegenheiten, für welche Grundgesetz oder Gesetz dieses vorschreiben,
f) Meinungsverschiedenheiten zwischen verschiedenen Bundesministern; Meinungsverschiedenheiten über die Entwürfe der Finanzplanung, des Haushaltsgesetzes und des Haushaltsplans, wenn es sich um Angelegenheiten von grundsätzlicher Bedeutung für den betroffenen Bundesminister oder erheblicher finanzieller Bedeutung handelt.

(2) Ihr sind außerdem zu unterbreiten:

a) Vorschläge zur Ernennung von Beamten, die jederzeit in den einstweiligen Ruhestand versetzt werden können, von sonstigen Beamten, die nach der Besoldungsordnung feste Gehälter beziehen, sowie von Ministerialräten und Ministerialbeamten gleichen Ranges,
b) Vorschläge zur Einstellung oder Eingruppierung von Angestellten bei obersten Bundesbehörden nach Vergütungsgruppe I BAT oder zur Vereinbarung einer höheren Vergütung,
c) zur Beratung ohne Beschlussfassung: Vorschläge für die Zustimmung des zuständigen Bundesministers zur Ernennung von Richtern bei den obersten Gerichtshöfen des Bundes.

§ 15a

(1) Im Einvernehmen mit dem Bundeskanzler kann der Bundesminister für Jugend, Familie, Frauen und Gesundheit verlangen, dass

Angelegenheiten von frauenpolitischer Bedeutung der Bundesregierung zur Beratung und Beschlussfassung unterbreitet werden, auch wenn diese zum Geschäftsbereich eines anderen Bundesministers gehören; die Vorlage an die Bundesregierung erfolgt durch den federführenden Bundesminister.

(2) In Angelegenheiten von besonderer frauenpolitischer Bedeutung kann der Bundesminister für Jugend, Familie, Frauen und Gesundheit im Benehmen mit dem federführenden Bundesminister Gesetzesvorhaben vor Bundestag und Bundesrat einschließlich deren Ausschüsse neben dem federführenden Bundesminister vertreten. § 15 Abs. 1 Buchstabe f, §§ 17 und 28 bleiben unberührt.

§ 16

(1) Alle Angelegenheiten, die der Bundesregierung unterbreitet werden, sind vorher zwischen den beteiligten Bundesministerien zu beraten, sofern nicht im Einzelfalle die Dringlichkeit der Entscheidung eine Ausnahme notwendig macht.

(2) Die bei den Beratungen strittig gebliebenen Punkte sind in dem Anschreiben an den Staatssekretär des Bundeskanzleramtes (§ 21 Abs. 2) oder in sonst geeigneter Weise mit kurzer Begründung der vorgeschlagenen Lösung aufzuführen.

(3) Bei der Vorlage von Gesetzentwürfen ist mitzuteilen, dass die Ausführung des Gesetzes Bund, Länder und Gemeinden nicht mit Kosten belastet oder, wenn dies der Fall ist, ob der Bundesminister der Finanzen nach Kenntnis von dem Plane des Gesetzes Widerspruch erhoben hat. Fehlt der Vermerk, so sorgt der Staatssekretär des Bundeskanzleramtes dafür, dass er nachgeholt wird.

(4) Ist keine mündliche Erörterung im Kabinett erforderlich, so ist bei der Vorlage zu bemerken, dass ein Beschluss auf schriftlichem Wege ausreichen wird (§ 20 Abs. 2).

§ 17

(1) Meinungsverschiedenheiten zwischen den Bundesministern sind der Bundesregierung erst zu unterbreiten, wenn ein persönlicher Verständigungsversuch zwischen den beteiligten Bundesministern oder im Falle ihrer Behinderung zwischen ihren Vertretern ohne Erfolg geblieben ist.

(2) Der Bundeskanzler kann Meinungsverschiedenheiten vor der Beratung im Kabinett zunächst in einer Ministerbesprechung mit den beteiligten Bundesministern unter seinem Vorsitz erörtern.

§ 18

(1) Vorschläge zur Ernennung von Beamten und zur Einstellung oder Eingruppierung von Angestellten sind in den Fällen des § 15 Abs. 2 Buchstabe a und b vor jeder entscheidenden oder verpflichtenden

Maßnahme oder Mitteilung der Bundesregierung zu unterbreiten; im übrigen sind, sofern es sich um Beamte des höheren Dienstes (Besoldungsgruppe A 13 BBesO und höher) und die ihnen gleichgestellten Angestellten in den Ministerien handelt, Ernennungen, Einstellungen und Eingruppierungen dem Bundeskanzler nachträglich zur Kenntnis mitzuteilen.
(2) Ernennungen dürfen erst nach Vollziehung der Urkunde durch den Bundespräsidenten veröffentlicht werden.

§ 19
Soll ein Beamter der Besoldungsgruppe B 9 BBesO oder höherer Besoldungsgruppen entlassen, in den einstweiligen Ruhestand oder in den Ruhestand versetzt werden, so ist vor entscheidenden und verpflichtenden Maßnahmen oder Mitteilungen die Stellungnahme des Bundeskanzlers einzuholen. Alsdann ist vor solchen Maßnahmen oder Mitteilungen die Angelegenheit dem Bundespräsidenten zur Entscheidung zu unterbreiten.

§ 20
(1) Die Bundesregierung fasst ihre Beschlüsse in der Regel in gemeinschaftlicher Sitzung.
(2) Ist die mündliche Beratung einer Angelegenheit nicht erforderlich, so soll der Staatssekretär des Bundeskanzleramtes die Zustimmung der Mitglieder der Bundes regierung auf schriftlichem Wege einholen (Umlaufsache). Bestehen über die Notwendigkeit einer mündlichen Beratung Zweifel, so hat er die Entscheidung des Bundeskanzlers herbeizuführen.

§ 21
(1) Die Sitzungen der Bundesregierung werden durch den Staatssekretär des Bundeskanzleramtes nach näherer Anweisung des Bundeskanzlers festgesetzt. Er veranlasst die Einladung zu den Sitzungen unter Beifügung einer Tagesordnung.
(2) Die von den Bundesministern vorgelegten Entwürfe und Ausführungen sind dem Staatssekretär des Bundeskanzlers in der gewünschten Zahl von Abdrucken einzureichen; sie sind gleichzeitig sämtlichen Bundesministern und dem Chef des Bundespräsidialamtes unmittelbar zuzuleiten.
(3) Die Übersendung von Kabinettvorlagen hat so zeitig zu erfolgen, dass für eine sachliche Prüfung vor der Beratung noch ausreichend Zeit bleibt. Zwischen der Zustellung der Vorlage an den Staatssekretär des Bundeskanzleramtes und die Bundesminister und der Beratung soll mindestens eine Woche liegen. Handelt es sich um umfangreichere Gesetzesvorlagen oder sonstige Vorlagen von weittragender Bedeutung und ist die Frist nicht eingehalten, so ist auf Antrag von

zwei Bundesministern oder deren Vertretern die Angelegenheit von der Tagesordnung abzusetzen, es sei denn, dass der Bundeskanzler die sofortige Beratung für notwendig hält.
(4) Der Bundesminister für Jugend, Familie, Frauen und Gesundheit oder dessen Vertreter kann die Absetzung von der Tagesordnung verlangen, wenn es sich um eine frauenpolitische Angelegenheit von besonderer Tragweite handelt und er bei der Vorbereitung der Kabinettvorlage nicht hinreichend beteiligt worden ist, es sei denn, dass der Bundeskanzler die sofortige Beratung für notwendig hält.

§ 22

(1) Die Sitzungen der Bundesregierung finden unter dem Vorsitz des Bundeskanzlers, im Falle seiner Behinderung unter dem Vorsitz des Stellvertreters des Bundeskanzlers statt. Ist auch der Stellvertreter verhindert, so führt den Vorsitz der vom Bundeskanzler oder seinem Stellvertreter besonders bezeichnete Bundesminister oder mangels solcher Bezeichnungen der Bundesminister, der am längsten ununterbrochen der Bundesregierung angehört; bei mehreren Bundesministern mit gleicher Amtszeit übernimmt den Vorsitz der an Lebensjahren älteste Bundesminister.
(2) Die Sitzungen beginnen pünktlich zu der in der Einladung angegebenen Zeit. Behinderte Bundesminister haben für ihre Vertretung zu sorgen.
(3) Die Sitzungen der Bundesregierung sind vertraulich. Insbesondere sind Mitteilungen über Ausführungen einzelner Bundesminister, über das Stimmenverhältnis und über den Inhalt der Niederschrift ohne besondere Ermächtigung des Bundeskanzlers unzulässig.

§ 23

(1) An den Sitzungen der Bundesregierung nehmen außer den Bundesministern und dem Chef des Bundeskanzleramtes sowie dem Parlamentarischen Staatssekretär beim Bundeskanzler regelmäßig teil:

der Chef des Bundespräsidialamtes,
der Bundespressechef,
der Persönliche Referent des Bundeskanzlers,
der Schriftführer.

(2) Ist ein Bundesminister an der Teilnahme an einer Sitzung der Bundesregierung verhindert, so nimmt für ihn der Parlamentarische Staatssekretär an der Sitzung teil. Der Bundesminister kann für Einzelfälle anordnen, dass der Staatssekretär an der Sitzung teilnimmt.
(3) Hält ein Bundesminister die Zuziehung eines Beamten seines Ministeriums außer dem Staatssekretär für erwünscht, so hat er dies unter Benennung des Beamten schriftlich anzuzeigen. Über die Zu-

lassung zur Sitzung entscheidet der Vorsitzende. Der Beamte nimmt an der Sitzung nur für die Dauer der Verhandlungen über den Punkt, zu dem er zugezogen ist, teil.
(4) Der Bundeskanzler kann die Sitzung auf die Bundesminister beschränken.

§ 24
(1) Die Bundesregierung ist beschlussfähig, wenn einschließlich des Vorsitzenden die Hälfte der Bundesminister anwesend ist.
(2) Die Bundesregierung fasst ihre Beschlüsse mit Stimmenmehrheit. Bei Stimmengleichheit entscheidet die Stimme des Vorsitzenden.

§ 25
Der Wortlaut der Beschlüsse der Bundesregierung wird von dem Vorsitzenden jeweils im Anschluss an die mündliche Beratung eines Gegenstandes festgelegt.

§ 26
(1) Beschließt die Bundesregierung in einer Frage von finanzieller Bedeutung gegen oder ohne die Stimme des Bundesministers der Finanzen, so kann dieser gegen den Beschluss ausdrücklich Widerspruch erheben. Wird Widerspruch nach Satz 1 oder in gesetzlich vorgesehenen Fällen erhoben, so ist über die Angelegenheit in einer weiteren Sitzung der Bundesregierung erneut abzustimmen. Die Durchführung der Angelegenheit, der der Bundesminister der Finanzen widersprochen hat, muss unterbleiben, wenn sie nicht in der neuen Abstimmung in Anwesenheit des Bundesministers der Finanzen oder seines Vertreters von der Mehrheit sämtlicher Bundesminister beschlossen wird und der Bundeskanzler mit der Mehrheit gestimmt hat.
(2) Entsprechendes gilt, wenn der Bundesminister der Justiz oder der Bundesminister des Innern gegen einen Gesetz- oder Verordnungsentwurf oder eine Maßnahme der Bundesregierung wegen ihrer Unvereinbarkeit mit geltendem Recht Widerspruch erhebt.

§ 27
(1) Über die Sitzungen der Bundesregierung wird eine Niederschrift aufgenommen, die von dem Schriftführer unterzeichnet wird. Eine Abschrift der Niederschrift wird den Bundesministern umgehend zugesandt. Der Chef des Bundespräsidialamtes und der Bundespressechef erhalten nachrichtlich eine Abschrift der Niederschrift.
(2) Die Niederschrift gilt als genehmigt, wenn die beteiligten Bundesminister nicht innerhalb 3 Tagen nach ihrer Zustellung Einwendungen gegen den Inhalt oder die Fassung erheben.
(3) In Zweifelsfällen ist die Angelegenheit nochmals der Bundesregierung zu unterbreiten.

§ 28

(1) Die von der Bundesregierung beschlossenen Vorlagen werden den gesetzgebend Körperschaften durch den Bundeskanzler zugeleitet und vor ihnen durch den in der Sache zuständigen Bundesminister vertreten.
(2) Die Vertretung hat einheitlich zu erfolgen, auch wenn einzelne Bundesminister anderer Auffassung sein sollten. Gegen die Auffassung der Bundesregierung zu wirken, ist den Bundesministern nicht gestattet.
(3) Bevor das Einverständnis mit wesentlichen Änderungen einer Gesetzesvorlage im Bundestag oder Bundesrat oder in den Ausschüssen erklärt wird, ist die Bundesregierung zu befragen. Ist dies aus Zeitmangel nicht möglich und doch eine Stellungnahme geboten, so soll wenigstens eine Einigung mit den erreichbaren Ministerien gesucht werden.

§ 29

(1) Gesetze sind dem Bundespräsidenten erst nach der Gegenzeichnung durch den Bundeskanzler und den zuständigen Bundesministern zur Vollziehung vorzulegen. Berührt der Inhalt des Gesetzes den Geschäftsbereich mehrerer Bundesminister, so zeichnen diese in der Regel auch die Ausfertigung.
(2) Verfügungen und Anordnungen sind dem Bundespräsidenten erst nach der Gegenzeichnung durch den zuständigen Bundesminister zur Vollziehung vorzulegen. Absatz 1 Satz 2 gilt entsprechend.

§ 30

(1) Verordnungen der Bundesregierung werden nach Gegenzeichnung durch den zuständigen Fachminister vom Bundeskanzler gezeichnet. Sonstige Verordnungen werden – auch wenn sie der Bundesregierung vorgelegen haben – grundsätzlich von dem zuständigen Bundesminister allein gezeichnet.
(2) Unter der ausdrücklichen Bezeichnung „Die Bundesregierung“ sollen – abgesehen von Fällen besonderer Ermächtigung durch die Bundesregierung – nur der Bundeskanzler oder mit ihm der zuständige oder alle Bundesminister zeichnen.

§ 31

Die präsidierenden Mitglieder der Landesregierungen sollen mehrmals im Jahr persönlich zu gemeinsamen Besprechungen mit der Bundesregierung vom Bundeskanzler eingeladen werden, um wichtige politische, wirtschaftliche, soziale und finanzielle Fragen zu erörtern und in persönlicher Fühlungnahme zu einer verständnisvollen einheitlichen Politik in Bund und Ländern beizutragen.

Rahmenregelungen für den Geschäftsablauf der Kabinettausschüsse der Bundesregierung*

– Bek. d. BMI v. 24. 2. 1993 – GI 1 – 110 437 –

§ 1

Vorsitz, Geschäftsführung

(1) Vorsitzender der Kabinettausschüsse ist der Bundeskanzler. Stellvertretender Vorsitzender ist der Stellvertreter des Bundeskanzlers.

(2) Bei Abwesenheit des Bundeskanzlers und seines Stellvertreters führt der für den Aufgabenbereich des Ausschusses federführende oder hauptbeteiligte Bundesminister den Vorsitz (Beauftragter Vorsitzender).

(3) Die Geschäfte der Kabinettausschüsse werden vom Bundeskanzleramt geführt.

§ 2

Mitgliedschaft

Ständige Mitglieder eines Kabinettausschusses sind die Bundesminister, deren Geschäftsbereich regelmäßig und nicht nur unwesentlich betroffen ist. Andere Bundesminister werden von Fall zu Fall hinzugezogen, wenn Gegenstände beraten werden, die ihren Geschäftsbereich betreffen. Über die Hinzuziehung von Bundesministern, die nicht Mitglied des betreffenden Kabinettausschusses sind, soll nach Möglichkeit bei der Festsetzung der Tagesordnung entschieden werden.

§ 3

Vorbereitung der Sitzungen

Die Sitzungen der Kabinettausschüsse sollen durch interministerielle Besprechungen sachlich vorbereitet werden; in diesen Besprechungen sind die ständigen Mitglieder des betreffenden Kabinettausschusses und der Chef des Bundeskanzleramtes sowie, falls erforderlich, weitere Bundesminister vertreten. Soweit interministerielle Arbeitseinheiten bestehen, sollen sie die sachliche Vorbereitung übernehmen.

§ 4

Einberufung, Tagesordnung

(1) Tagesordnungen sowie Zeit und Ort der Sitzungen der Kabinettausschüsse werden vom Bundeskanzler nach Abstimmung mit dem Beauftragten Vorsitzenden festgelegt. Bei Verhinderung des Bundeskanzlers stimmt sich der Chef des Bundeskanzleramtes mit dem Stellvertreter des Bundeskanzlers und mit dem Beauftragten Vorsitzenden ab und übernimmt danach für den Bundeskanzler die Einladung.

(2) Einladungen und Tagesordnungen erhalten die ständigen Mitglieder und die hinzugezogenen Bundesminister, der Chef des Bundespräsidialamtes, der Chef des Presse- und Informationsamtes der Bundesregierung und andere Personen mit ständigem Teilnahmerecht. Bundesminister, die nicht Mitglied im Sinne von § 2 sind, erhalten Einladungen und Tagesordnungen nachrichtlich; dies gilt nicht für die Sitzungen des Bundessicherheitsrates.

* § 1 Abs. 2 wurde durch Kabinettbeschluss vom 16. Dezember 1998 wie folgt neu gefasst: „Bei Abwesenheit des Bundeskanzlers und seines Stellvertreters führt der für den Aufgabenbereich des Ausschusses federführende oder hauptbeteiligte Bundesminister oder ein Staatsminister beim Bundeskanzler den Vorsitz (Beauftragter Vorsitzender)."

§ 5

Vorlagen

(1) Kabinettausschuss-Vorlagen leiten die Bundesminister dem Chef des Bundeskanzleramtes im Original mit den erforderlichen Abdrucken mindestens eine Woche vor der Beratung zu. Gleichzeitig sind weitere Abdrucke an die Mitglieder und hinzugezogenen Bundesminister sowie – nachrichtlich – an die übrigen Bundesminister, den Chef des Bundespräsidialamtes, den Chef des Presse- und Informationsamtes der Bundesregierung und andere Personen mit ständigem Teilnahmerecht zu übersenden.

(2) Für Vorlagen an den Bundessicherheitsrat kann die Verteilung auf Bundesminister, die Mitglieder sind, beschränkt werden.

(3) Die Anzahl der Abdrucke kann der Chef des Bundeskanzleramtes – generell oder für einzelne Kabinettausschüsse – festlegen.

§ 6

Teilnahme an Sitzungen

(1) An den Sitzungen der Kabinettausschüsse nehmen die ständigen Mitglieder sowie die hinzugezogenen Bundesminister, im Verhinderungsfall die Parlamentarischen Staatssekretäre oder Staatssekretäre, ferner der Chef des Bundeskanzleramtes und der Chef des Presse- und Informationsamtes der Bundesregierung oder deren Vertreter sowie der Geschäftsführende Beamte/Schriftführer teil. Außerdem können Staatsminister beim Bundeskanzler, der Chef des Bundespräsidialamtes oder sein Vertreter sowie der Persönliche Referent des Bundeskanzlers teilnehmen. Die Kabinettausschüsse können in Ausnahmefällen anderen Personen ein ständiges Teilnahmerecht einräumen, wenn deren besondere Funktion dies erforderlich macht.

(2) Jeder Bundesminister hat das Recht, an den Sitzungen der Kabinettausschüsse – mit Ausnahme des Bundessicherheitsrates – persönlich teilzunehmen. Der Bundeskanzler kann die Teilnahme auf ständige Mitglieder beschränken. Der Beauftragte Vorsitzende kann die Teilnahme auf Bundesminister beschränken.

(3) Ständige Mitglieder und hinzugezogene Bundesminister können sich von dem Parlamentarischen Staatssekretär und/oder dem Staatssekretär begleiten lassen. Hält ein ständiges Mitglied oder hinzugezogener Bundesminister ausnahmsweise die Begleitung eines Mitarbeiters unterhalb der Staatssekretärs-Ebene für erwünscht, ist dies dem Chef des Bundeskanzleramtes unter Benennung des Mitarbeiters schriftlich anzuzeigen; über die Zulassung des Mitarbeiters zur Sitzung und die Dauer seiner Teilnahme entscheidet der Vorsitzende.

§ 7

Sitzungsniederschrift

(1) Über die Sitzungen der Kabinettausschüsse werden in der Regel Niederschriften in der Form von Kurzprotokollen erstellt; sie unterliegen der Geheimhaltung.

(2) Vor der Versendung der Niederschrift holt der Schriftführer die Zustimmung des Beauftragten Vorsitzenden sowie des Chefs des Bundeskanzleramtes ein, sofern dieser an der Sitzung persönlich oder für ihn ein Staatsminister beim Bundeskanzler teilgenommen hat.

(3) Eine Ausfertigung der Niederschrift erhalten nachrichtlich auch die Bundesminister, die nicht Mitglied des betreffenden Kabinettausschusses sind, sowie der Chef des Bundespräsidialamtes und der Chef des Presse- und Informationsamtes der Bundesregierung, andere Personen mit ständigem Teilnahmerecht sind auf Wunsch in geeigneter Weise zu unterrichten.

(4) Die Verteilung der Niederschriften über die Sitzungen des Bundessicherheitsrates kann auf Bundesminister, die ständige Mitglieder sind, beschränkt werden.

GMBl 1993, S. 181

6.3 Die bisherigen Bundesregierungen der Bundesrepublik Deutschland*

1. Wahlperiode (1949–53): Kabinett Adenauer

Ressort	Kabinettsmitglied	Partei
Bundeskanzler	*Konrad Adenauer*	CDU
Stellvertreter des Bundeskanzlers	*Franz Blücher*	FDP
BM des Auswärtigen (ab März 1951)	*Konrad Adenauer* (ab 15.3.1951)	CDU
BM des Innern	*Gustav Heinemann* (bis 11.10.1950)	CDU
	Robert Lehr (ab 13.10.1950)	CDU
BM der Justiz	*Thomas Dehler*	FDP
BM der Finanzen	*Fritz Schäffer*	CSU
BM für Wirtschaft	*Ludwig Erhard*	CDU
BM für Ernährung, Landwirtschaft und Forsten	*Wilhelm Niklas*	CSU
BM für Arbeit und Sozialordnung	*Anton Storch*	CDU
BM für Verkehr	*Hans-Christoph Seebohm*	DP
BM für das Post- und Fernmeldewesen	*Hans Schuberth*	CSU
BM für Wohnungsbau	*Eberhard Wildermuth* (bis † 9.3.1952)	FDP
	Fritz Neumayer (ab 19.7.1952)	FDP
BM für Vertriebene, Flüchtlinge und Kriegsbeschädigte	*Hans Lukaschek*	CDU

* Die nachfolgenden Übersichten sind mit freundlicher Genehmigung des Verfassers großenteils übernommen aus dem Datenhandbuch zur Geschichte der Bundesrepublik Deutschland von Peter Schindler (s. Literaturverzeichnis); die neueren Angaben ab 1991 sind vom Verfasser dieses Buches selbst nachgearbeitet.

Ressort	Kabinettsmitglied	Partei
BM für gesamtdeutsche Fragen	*Jakob Kaiser*	CDU
BM für Angelegenheiten des Bundesrates	*Heinrich Hellwege*	DP
BM für Angelegenheiten des Marshallplanes	*Franz Blücher*	FDP

2. Wahlperiode (1953–57): Kabinett Adenauer

Bundeskanzler	*Konrad Adenauer*	CDU
Stellvertreter des Bundeskanzlers	*Franz Blücher*	FDP→ FVP
BM des Auswärtigen	*Konrad Adenauer* (bis 6.6.1955)	CDU
	Heinrich von Brentano (ab 8.6.1955)	CDU
BM des Innern	*Gerhard Schröder*	CDU
BM der Justiz	*Fritz Neumayer* (bis 16.10.1956)	FDP→ FVP
	Hans-Joachim von Merkatz (ab 16.10.1956)	DP
BM der Finanzen	*Fritz Schäffer*	CSU
BM für Wirtschaft	*Ludwig Erhard*	CDU
BM für Ernährung, Landwirtschaft und Forsten	*Heinrich Lübke*	CDU
BM für Arbeit und Sozialordnung	*Anton Storch*	CDU
BM für Verteidigung (ab 7.6.1955)	*Theodor Blank* (ab 7.6.1955 bis 16.10.1956)	CDU
	Franz Josef Strauß (ab 16.10.1956)	CSU
BM für Verkehr	*Hans-Christoph Seebohm*	DP
BM für das Post- und Fernmeldewesen	*Hans Schuberth* (bis 9.12.1953)	CSU

Ressort	Kabinettsmitglied	Partei
	Siegfried Balke (ab 10.12.1953 bis 14.11.1956)	parteilos → CSU
	Ernst Lemmer (ab 15.11.1956)	CDU
BM für Wohnungsbau	*Viktor-Emanuel Preusker*	FDP→ FVP
BM für Vertriebene, Flüchtlinge und Kriegsgeschädigte	*Theodor Oberländer*	GB/ BHE→ CDU
BM für gesamtdeutsche Fragen	*Jakob Kaiser*	CDU
BM für Angelegenheiten des Bundesrates	*Heinrich Hellwege* (bis 7.6.1955)	DP
	Hans-Joachim von Merkatz (ab 8.6.1955)	DP
BM für Atomfragen (ab 20.10.1955)	*Franz Josef Strauß* (ab 21.10.1955 bis 16.10.1956)	CSU
	Siegfried Balke (ab 16.10.1956)	CSU
BM für Familienfragen	*Franz-Josef Wuermeling*	CDU
BM für wirtschaftliche Zusammenarbeit	*Franz Blücher*	FDP→ FVP
BM für besondere Aufgaben	*Robert Tillmanns* (bis † 12.11.1955)	CDU
	Hermann Schäfer (bis 16.10.1956)	FDP→ FVP
	Waldemar Kraft (bis 16.10.1956)	GB/ BHE→ CDU
	Franz Josef Strauß (bis 19.10.1955)	CSU

Ressort	Kabinettsmitglied	Partei
3. Wahlperiode (1957–61): Kabinett Adenauer		
Bundeskanzler	*Konrad Adenauer*	CDU
Stellvertreter des Bundeskanzlers	*Ludwig Erhard*	CDU
BM des Auswärtigen	*Heinrich von Brentano* (bis 30.10.1961)	CDU
BM des Innern	*Gerhard Schröder*	CDU
BM der Justiz	*Fritz Schäffer*	CSU
BM der Finanzen	*Franz Etzel*	CDU
BM für Wirtschaft	*Ludwig Erhard*	CDU
BM für Ernährung, Landwirtschaft und Forsten	*Heinrich Lübke* (bis 15.9.1959)	CDU
	Werner Schwarz (ab 14.10.1959)	CDU
BM für Arbeit und Sozialordnung	*Theodor Blank*	CDU
BM für Verteidigung	*Franz Josef Strauß*	CSU
BM für Verkehr	*Hans-Christoph Seebohm*	DP→ CDU
BM für das Post- und Fernmeldewesen	*Richard Stücklen*	CSU
BM für Wohnungsbau	*Paul Lücke*	CDU
BM für Vertriebene, Flüchtlinge und Kriegsgeschädigte	*Theodor Oberländer* (bis 4.5.1960)	CDU
	Hans-Joachim von Merkatz (ab 27.10.1960)	DP→ CDU
BM für gesamtdeutsche Fragen	*Ernst Lemmer*	CDU
BM für Angelegenheiten des Bundesrates und der Länder	*Hans-Joachim von Merkatz*	DP→ CDU
BM für Atomkernenergie und Wasserwirtschaft	*Siegfried Balke*	CSU

Ressort	Kabinettsmitglied	Partei
BM für Familien- und Jugendfragen	*Fanz-Josef Wuermeling*	CDU
BM für wirtschaftlichen Besitz des Bundes	*Hermann Lindrath* (bis † 27.2.1960)	CDU
	Hans Wilhelmi (ab 12.4.1960)	CDU

4. Wahlperiode (1961–65): Kabinett Adenauer (bis 1963)*

Bundeskanzler	*Konrad Adenauer* (bis 15.10.1963)	CDU
Stellvertreter des Bundeskanzlers	*Ludwig Erhard* (bis 15.10.1963)	CDU
BM des Auswärtigen	*Gerhard Schröder*	CDU
BM des Innern	*Hermann Höcherl*	CSU
BM der Justiz	*Wolfgang Stammberger* (bis 11.12.1962)	FDP
	Ewald Bucher (ab 14.12.1962)	FDP
BM der Finanzen	*Heinz Starke* (bis 11.12.1962)	FDP
	Rolf Dahlgrün (ab 14.12.1962)	FDP
BM für Wirtschaft	*Ludwig Erhard* (bis 15.10.1963)	CDU
BM für Ernährung, Landwirtschaft und Forsten	*Werner Schwarz*	CDU
BM für Arbeit und Sozialordnung	*Theodor Blank*	CDU
BM der Verteidigung	*Franz Josef Strauß* (bis 11.12.1962, mdWdGb bis 9.1.1963)	CSU

* Bei denjenigen Bundesministern, die auch dem nachfolgenden Kabinett Erhard angehörten und dabei auch das gleiche Ressort innehatten, fehlt das Datum der Amtszeit „bis 15.10.1963".

Ressort	Kabinettsmitglied	Partei
	Kai-Uwe von Hassel (ab 9.1.1963)	CDU
BM für Verkehr	*Hans-Christoph Seebohm*	CDU
BM für das Post- und Fernmeldewesen	*Richard Stücklen*	CSU
BM für Wohnungswesen, Städtebau und Raumordnung	*Paul Lücke*	CDU
BM für Vertriebene, Flüchtlinge und Kriegsgeschädigte	*Wolfgang Mischnick* (bis 15.10.1963)	FDP
BM für gesamtdeutsche Fragen	*Ernst Lemmer* (bis 11.12.1962)	CDU
	Rainer Barzel (ab 14.12.1962 bis 15.10.1963)	CDU
BM für Angelegenheiten des Bundesrates und der Länder	*Hans-Joachim von Merkatz* (bis 11.12.1962)	CDU
	Alois Niederalt (ab 14.12.1962)	CSU
BM für Atomkernenergie	*Siegfried Balke* (bis 11.12.1962	CSU
ab 14.12.1962 umbenannt in: BM für wissenschaftliche Forschung	*Hans Lenz* (ab 14.12.1962)	FDP
BM für Familien- und Jugendfragen	*Franz Josef Wuermeling* (bis 11.12.1962)	CDU
	Bruno Heck (ab 14.12.1962)	CDU
Bundesschatzminister	*Hans Lenz* (bis 11.12.1962)	FDP
	Werner Dollinger (ab 14.12.1962)	CSU
BM für wirtschaftliche Zusammenarbeit	*Walter Scheel*	FDP
BM für Gesundheitswesen	*Elisabeth Schwarzhaupt*	CDU
BM für besondere Aufgaben	*Heinrich Krone*	CDU

Ressort	Kabinettsmitglied	Partei
noch 4. Wahlperiode (1961–65): Kabinett Erhard (ab 1963)*		
Bundeskanzler	*Ludwig Erhard* (ab 16.10.1963)	CDU
Stellvertreter des Bundeskanzlers	*Erich Mende* (ab 17.10.1963)	FDP
BM des Auswärtigen	*Gerhard Schröder*	CDU
BM des Innern	*Hermann Höcherl*	CSU
BM der Justiz	*Ewald Bucher* (bis 27.3.1965)	FDP
	Karl Weber (ab 1.4.1965)	CDU
BM der Finanzen	*Rolf Dahlgrün*	FDP
BM für Wirtschaft	*Kurt Schmücker* (ab 17.10.1963)	CDU
BM für Ernährung, Landwirtschaft und Forsten	*Werner Schwarz*	CDU
BM für Arbeit und Sozialordnung	*Theodor Blank*	CDU
BM der Verteidigung	*Kai-Uwe von Hassel*	CDU
BM für Verkehr	*Hans-Christoph Seebohm*	CDU
BM für das Post- und Fernmeldewesen	*Richard Stücklen*	CSU
BM für Wohnungswesen, Städtebau und Raumordnung	*Paul Lücke*	CDU
BM für Vertriebene, Flüchtlinge und Kriegsgeschädigte	*Hans Krüger* (ab 17.10.1963 bis 7.2.1964)	CDU
	Ernst Lemmer (ab 19.2.1964)	CDU
BM für gesamtdeutsche Fragen	*Erich Mende* (ab 17.10.1963)	FDP

* Bei denjenigen Bundesministern, die schon dem vorangegangenen Kabinett Adenauer angehörten und dabei auch das gleiche Ressort innehatten, fehlt das Datum der Amtszeit „ab 17.10.1963".

Ressort	Kabinettsmitglied	Partei
BM für Angelegenheiten des Bundesrates und der Länder	*Alois Niederalt*	CSU
BM für wissenschaftliche Forschung	*Hans Lenz*	FDP
BM für Familie und Jugend	*Bruno Heck*	CDU
Bundesschatzminister	*Werner Dollinger*	CSU
BM für wirtschaftliche Zusammenarbeit	*Walter Scheel*	FDP
BM für Gesundheitswesen	*Elisabeth Schwarzhaupt*	CDU
BM für besondere Aufgaben	*Heinrich Krone* (bis 13.7.1964)	CDU
BM (Vorsitzender des Bundesverteidigungsrates)[1]	*Heinrich Krone* (ab 13.7.1964)	CDU
BM für besondere Aufgaben	*Ludger Westrick* (ab 16.6.1964)	CDU

5. Wahlperiode (1965–69): Kabinett Erhard (bis 1966)[2]

Bundeskanzler	*Ludwig Erhard* (bis 1.12.1966)	CDU
Stellvertreter des Bundeskanzlers	*Erich Mende* (bis 28.10.1966)	FDP
	Hans-Christoph-Seebohm (ab 28.10.1966 bis 1.12.1966, mdWdGb)	CDU
BM des Auswärtigen	*Gerhard Schröder* (bis 1.12.1966)	CDU
BM des Innern	*Paul Lücke*	CDU
BM der Justiz	*Richard Jaeger* (bis 1.12.1966)	CSU

[1] ab 26.10.1965: Bundesminister für die Angelegenheiten des Bundesverteidigungsrates.

[2] Bei denjenigen Bundesministern, die auch dem nachfolgenden Kabinett Kiesinger angehörten und dabei auch das gleiche Ressort innehatten, fehlt das Datum der Amtszeit „bis 1.12.1966".

Ressort	Kabinettsmitglied	Partei
BM der Finanzen	*Rolf Dahlgrün* (bis 28.10.1966)	FDP
	Kurt Schmücker (ab 28.10.1966 bis 1.12.1966, mdWdGb)	CDU
BM für Wirtschaft	*Kurt Schmücker* (bis 1.12.1966)	CDU
BM für Ernährung, Landwirtschaft und Forsten	*Hermann Höcherl*	CSU
BM für Arbeit und Sozialordnung	*Hans Katzer*	CDU
BM der Verteidigung	*Kai-Uwe von Hassel* (bis 1.12.1966)	CDU
BM für Verkehr	*Hans-Christoph Seebohm* (bis 1.12.1966)	CDU
BM für das Post- und Fernmeldewesen	*Richard Stücklen* (bis 1.12.1966)	CSU
BM für Wohnungswesen und Städtebau	*Ewald Bucher* (bis 28.10.1966)	FDP
	Bruno Heck (ab 28.10.1966 bis 1.12.1966, mdWdGb)	CDU
BM für Vertriebene, Flüchtlinge und Kriegsgeschädigte	*Johann Baptist Gradl* (bis 1.12.1966)	CDU
BM für gesamtdeutsche Fragen	*Erich Mende* (bis 28.10.1966)	FDP
	Johann Baptist Gradl (ab 28.10.1966 bis 1.12.1966, mdWdGb)	CDU
BM für Angelegenheiten des Bundesrates und der Länder	*Alois Niederalt* (bis 1.12.1966)	CSU
BM für wissenschaftliche Forschung	*Gerhard Stoltenberg*	CDU
BM für Familie und Jugend	*Bruno Heck*	CDU

Ressort	Kabinettsmitglied	Partei
Bundesschatzminister	*Werner Dollinger* (bis 1.12.1966)	CSU
BM für wirtschaftliche Zusammenarbeit	*Walter Scheel* (bis 28.10.1966)	FDP
	Werner Dollinger (ab 28.10.1966 bis 6.12.1966, mdWdGb)	CSU
BM für Gesundheitswesen	*Elisabeth Schwarzhaupt* (bis 1.12.1966)	CDU
BM für Angelegenheiten des Bundesverteidigungs-rates	*Heinrich Krone* (bis 1.12.1966)	CDU
BM für besondere Aufgaben	*Ludger Westrick* (bis 1.12.1966)	CDU

noch 5. Wahlperiode (1965–69): Kabinett Kiesinger (ab 1966)*

Bundeskanzler	*Kurt Georg Kiesinger* (ab 1.12.1966)	CDU
Stellvertreter des Bundeskanzlers	*Willy Brandt* (ab 1.12.1966)	SPD
BM des Auswärtigen	*Willy Brandt* (ab 1.12.1966)	SPD
BM des Innern	*Paul Lücke* (bis 2.4.1968)	CDU
	Ernst Benda (ab 2.4.1968)	CDU
BM der Justiz	*Gustav Heinemann* (ab 1.12.1966 bis 26.3.1969)	SPD
	Horst Ehmke (ab 26.3.1969)	SPD
BM der Finanzen	*Franz Josef Strauß* (ab 1.12.1966)	CSU
BM für Wirtschaft	*Karl Schiller* (ab 1.12.1966)	SPD

* Bei denjenigen Bundesministern, die schon dem vorangegangenen Kabinett Erhard angehörten und dabei auch das gleiche Ressort innehatten, fehlt das Datum der Amtszeit „ab 1.12.1966“.

Ressort	**Kabinettsmitglied**	**Partei**
BM für Ernährung, Landwirtschaft und Forsten	*Hermann Höcherl*	CSU
BM für Arbeit und Sozialordnung	*Hans Katzer*	CDU
BM der Verteidigung	*Gerhard Schröder* (ab 1.12.1966)	CDU
BM für Verkehr	*Georg Leber* (ab 1.12.1966)	SPD
BM für das Post- und Fernmeldewesen	*Werner Dollinger* (ab 1.12.1966)	CSU
BM für Wohnungswesen und Städtebau	*Lauritz Lauritzen* (ab 1.12.1966)	SPD
BM für Vertriebene, Flüchtlinge und Kriegsgeschädigte	*Kai-Uwe von Hassel* (ab 1.12.1966 bis 5.2.1969)	CDU
	Heinrich Windelen (ab 7.2.1969)	CDU
BM für gesamtdeutsche Fragen	*Herbert Wehner* (ab 1.12.1966)	SPD
BM für Angelegenheiten des Bundesrates und der Länder	*Carlo Schmid* (ab 1.12.1966)	SPD
BM für wissenschaftliche Forschung	*Gerhard Stoltenberg*	CDU
BM für Familie und Jugend	*Bruno Heck* (bis 2.10.1968)	CDU
	Aenne Brauksiepe (ab 2.10.1968)	CDU
Bundesschatzminister	*Kurt Schmücker* (ab 1.12.1966)	CDU
BM für Gesundheitswesen	*Käte Strobel* (ab 1.12.1966)	SPD
BM für wirtschaftliche Zusammenarbeit	*Hans-Jürgen Wischnewski* (ab 1.12.1966 bis 2.10.1968)	SPD
	Erhard Eppler (ab 16.10.1968)	SPD

Ressort	Kabinettsmitglied	Partei
6. Wahlperiode (1969–72): Kabinett Brandt		
Bundeskanzler	*Willy Brandt*	SPD
Stellvertreter des Bundeskanzlers	*Walter Scheel*	FDP
BM des Auswärtigen	*Walter Scheel*	FDP
BM des Innern	*Hans-Dietrich Genscher*	FDP
BM der Justiz	*Gerhard Jahn*	SPD
BM der Finanzen (bis Mai 1971)	*Alex Möller* (bis 13.5.1971)	SPD
BM für Wirtschaft (bis Mai 1971)	*Karl Schiller* (bis 13.5.1971)	SPD
BM für Wirtschaft und Finanzen (ab 13.5.1971)	*Karl Schiller* (ab13.5.1971 bis 7.7.1972)	SPD
	Helmut Schmidt (ab 7.7.1972)	SPD
BM für Ernährung, Landwirtschaft und Forsten	*Josef Ertl*	FDP
BM für Arbeit und Sozialordnung	*Walter Arendt*	SPD
BM der Verteidigung	*Helmut Schmidt* (bis 7.7.1972)	SPD
	Georg Leber (ab 7.7.1972)	SPD
BM für Jugend, Familie und Gesundheit	*Käte Strobel*	SPD
BM für Verkehr und das Post- und Fernmeldewesen	*Georg Leber* (bis 7.7.1972) *Lauritz Lauritzen* (ab 7.7.1972)	SPD SPD
BM für Städtebau und Wohnungswesen	*Lauritz Lauritzen*	SPD
BM für innerdeutsche Beziehungen	*Egon Franke*	SPD
BM für Bildung und Wissenschaft	*Hans Leussink* (bis 15.3.1972)	parteilos

Ressort	Kabinettsmitglied	Partei
	Klaus von Dohnanyi (ab 15.3.1972)	SPD
BM für wirtschaftliche Zusammenarbeit	*Erhard Eppler*	SPD
BM für besondere Aufgaben	*Horst Ehmke*	SPD

7. Wahlperiode (1972–76): Kabinett Brandt (bis 1974)*

Bundeskanzler	*Willy Brandt* (bis 6.5.1974)	SPD
Stellvertreter des Bundeskanzlers	*Walter Scheel* (bis 16.5.1974)	FDP
BM des Auswärtigen	*Walter Scheel* (bis 16.5.1974)	FDP
BM des Innern	*Hans-Dietrich Genscher* (bis 15.5.1974)	FDP
BM der Justiz	*Gerhard Jahn* (bis 16.5.1974)	SPD
BM der Finanzen	*Helmut Schmidt* (bis 15.5.1974)	SPD
BM für Wirtschaft	*Hans Friderichs*	FDP
BM für Ernährung, Landwirtschaft und Forsten	*Josef Ertl*	FDP
BM für Arbeit und Sozialordnung	*Walter Arendt*	SPD
BM der Verteidigung	*Georg Leber*	SPD
BM für Jugend, Familie und Gesundheit	*Katharina Focke*	SPD
BM für Verkehr	*Lauritz Lauritzen* (bis 16.5.1974)	SPD
BM für Raumordnung, Bauwesen und Städtebau	*Hans-Jochen Vogel* (bis 16.5.1974)	SPD
BM für innerdeutsche Beziehungen	*Egon Franke*	SPD

* Bei denjenigen Bundesministern, die auch dem nachfolgenden Kabinett Schmidt angehörten und dabei auch das gleiche Ressort innehatten, fehlt das Datum der Amtszeit „bis 15. bzw. 16.5.1974".

Ressort	Kabinettsmitglied	Partei
BM für Forschung und Technologie und für das Post- und Fernmeldewesen	*Horst Ehmke* (bis 16.5.1974)	SPD
BM für Bildung und Wissenschaft	*Klaus von Dohnanyi* (bis 16.5.1974)	SPD
BM für wirtschaftliche Zusammenarbeit	*Erhard Eppler*	SPD
BM für besondere Aufgaben	*Egon Bahr* (bis 7.5.1974)	SPD
BM für besondere Aufgaben	*Werner Maihofer* (bis 7.5.1974)	FDP

noch 7. Wahlperiode (1972–76): Kabinett Schmidt (ab 1974)*

Bundeskanzler	*Helmut Schmidt* (ab 16.5.1974)	SPD
Stellvertreter des Bundeskanzlers	*Hans-Dietrich Genscher* (ab 16.5.1974)	FDP
BM des Auswärtigen	*Hans-Dietrich Genscher* (ab 16.5.1974)	FDP
BM des Innern	*Werner Maihofer* (ab 16.5.1974)	FDP
BM der Justiz	*Hans-Jochen Vogel* (ab 16.5.1974)	SPD
BM der Finanzen	*Hans Apel* (ab 16.5.1974)	SPD
BM für Wirtschaft	*Hans Friderichs*	FDP
BM für Ernährung, Landwirtschaft und Forsten	*Josef Ertl*	FDP
BM für Arbeit und Sozialordnung	*Walter Arendt*	SPD
BM der Verteidigung	*Georg Leber*	SPD

* Bei denjenigen Bundesministern, die schon dem vorangegangenen Kabinett Brandt angehörten und dabei auch das gleiche Ressort innehatten, fehlt das Datum der Amtszeit „ab 16.5.1974“.

Ressort	Kabinettsmitglied	Partei
BM für Jugend, Familie und Gesundheit	*Katharina Focke*	SPD
BM für Verkehr und fürdas Post- und Fernmeldewesen	*Kurt Gscheidle* (ab 16.5.1974)	SPD
BM für Raumordnung, Bauwesen und Städtebau	*Karl Ravens* (ab 16.5.1974)	SPD
BM für innerdeutsche Beziehungen	*Egon Franke*	SPD
BM für Forschung und Technologie	*Hans Matthöfer* (ab 16.5.1974)	SPD
BM für Bildung und Wissenschaft	*Helmut Rohde* (ab 16.5.1974)	SPD
BM für wirtschaftliche Zusammenarbeit	*Erhard Eppler* (bis 8.7.1974) *Egon Bahr* (ab 8.7.1974)	SPD

8. Wahlperiode (1976–80): Kabinett Schmidt

Bundeskanzler	*Helmut Schmidt*	SPD
Stellvertreter des Bundeskanzlers	*Hans-Dietrich Genscher*	FDP
BM des Auswärtigen	*Hans-Dietrich Genscher*	FDP
BM des Innern	*Werner Maihofer* (bis 8.6.1978	FDP
	Gerhard Rudolf Baum (ab 8.6.1978)	FDP
BM der Justiz	*Hans-Jochen Vogel*	SPD
BM der Finanzen	*Hans Apel* (bis 16.2.1978)	SPD
	Hans Matthöfer (ab 16.2.1978)	SPD
BM für Wirtschaft	*Hans Friderichs* (bis 7.10.1977)	FDP
	Otto Graf Lambsdorff (ab 7.10.1977)	FDP

Ressort	Kabinettsmitglied	Partei
BM für Ernährung, Landwirtschaft und Forsten	*Josef Ertl*	FDP
BM für Arbeit und Sozialordnung	*Herbert Ehrenberg*	SPD
BM der Verteidigung	*Georg Leber* (bis 16.2.1978)	SPD
	Hans Apel (ab 16.2.1978)	SPD
BM für Jugend, Familie und Gesundheit	*Antje Huber*	SPD
BM für Verkehr und für das Post- und Fernmeldewesen	*Kurt Gscheidle*	SPD
BM für Raumordnung, Bauwesen und Städtebau	*Karl Ravens* (bis 16.2.1978) *Dieter Haack* (ab 16.2.1978)	SPD SPD
BM für innerdeutsche Beziehungen	*Egon Franke*	SPD
BM für Forschung und Technologie	*Hans Matthöfer* (bis 16.2.1978)	SPD
	Volker Hauff (ab 16.2.1978)	SPD
BM für Bildung und Wissenschaft	*Helmut Rohde* (ab 16.2.1978)	SPD
	Jürgen Schmude (ab 16.2.1978)	
BM für wirtschaftliche Zusammenarbeit	*Marie Schlei* (bis 16.2.1978) *Rainer Offergeld* (ab 16.2.1978)	SPD SPD

9. Wahlperiode (1980–83): Kabinett Schmidt (bis 1982)

Bundeskanzler	*Helmut Schmidt* (bis 1.10.1982)	SPD
Stellvertreter des Bundeskanzlers	*Hans-Dietrich Genscher** (bis 17.9.1982	FDP
	Egon Franke (ab 17.9.1982 bis 1.10.1982)	SPD

* ab 4. Oktober 1982 Mitglied des nachfolgenden Kabinetts Kohl.

Ressort	**Kabinettsmitglied**	**Partei**
BM des Auswärtigen	*Hans-Dietrich Genscher* (bis 17.9.1982)*	FDP
	Helmut Schmidt (ab 17.9.1982 bis 1.10.1982)	SPD
BM des Innern	*Gerhart Rudolf Baum* (bis 17.9.1982)	FDP
	Jürgen Schmude (ab 17.9.1982 bis 4.10.1982)	SPD
BM der Justiz	*Hans-Jochen Vogel* (bis 22.1.1981)	SPD
	Jürgen Schmude (ab 28.1.1981 bis 4.10.1982)	SPD
BM der Finanzen	*Hans Matthöfer* (bis 28.4.1982)	SPD
	Manfred Lahnstein (ab 28.4.1982 bis 4.10.1982)	SPD
BM für Wirtschaft	*Otto Graf Lambsdorff* (bis 17.9.1982)*	FDP
	Manfred Lahnstein (ab 17.9.1982 bis 4.10.1982)	SPD
BM für Ernährung, Landwirtschaft und Forsten	*Josef Ertl* (bis 17.9.1982)*	FDP
	Björn Engholm (ab 17.9.1982 bis 4.10.1982)	SPD
BM für Arbeit und Sozialordnung	*Herbert Ehrenberg* (bis 28.4.1982)	SPD
	Heinz Westphal (ab 28.4.1982 bis 4.10.1982)	SPD
BM der Verteidigung	*Hans Apel* (bis 4.10.1982)	SPD
BM für Jugend, Familie und Gesundheit	*Antje Huber* (bis 28.4.1982)	SPD
	Anke Fuchs (ab 28.4.1982 bis 4.10.1982)	SPD
BM für Verkehr	*Volker Hauff* (bis 4.10.1982)	SPD

* ab 4. Oktober 1982 Mitglied des nachfolgenden Kabinetts Kohl.

Ressort	Kabinettsmitglied	Partei
BM für das Post- und Fernmeldewesen	*Kurt Gscheidle* (bis 28.4.1982)	SPD
	Hans Matthöfer (ab 28.4.1982 bis 4.10.1982)	SPD
BM für Raumordnung, Bauwesen und Städtebau	*Dieter Haack* (bis 4.10.1982)	SPD
BM für innerdeutsche Beziehungen	*Egon Franke* (bis 4.10.1982)	SPD
BM für Forschung und Technologie	*Andreas von Bülow* (bis 4.10.1982)	SPD
BM für Bildung und Wissenschaft	*Jürgen Schmude* (bis 28.1.1981)	SPD
	Björn Engholm (ab 28.1.1981 bis 4.10.1982)	SPD
BM für wirtschaftliche Zusammenarbeit	*Rainer Offergeld* (ab 4.10.1982)	SPD

noch 9. Wahlperiode (1980–83): Kabinett Kohl (ab 1982)

Bundeskanzler	*Helmut Kohl* (ab 1.10.1982)	CDU
Stellvertreter des Bundeskanzlers	*Hans-Dietrich Genscher* (ab 4.10.1982)*	FDP
BM des Auswärtigen	*Hans-Dietrich Genscher* (ab 4.10.1982)*	FDP
BM des Innern	*Friedrich Zimmermann* (ab 4.10.1982)	CSU
BM der Justiz	*Hans A. Engelhard* (ab 4.10.1982)	FDP
BM der Finanzen	*Gerhard Stoltenberg* (ab 4.10.1982)	CDU
BM für Wirtschaft	*Otto Graf Lambsdorff* (ab 4.10.1982)*	FDP
BM für Ernährung, Landwirtschaft und Forsten	*Josef Ertl* (ab 4.10.1982)*	FDP

* bis 17. September 1982 Mitglied des vorangegangenen Kabinetts Schmidt.

Ressort	Kabinettsmitglied	Partei
BM für Arbeit und Sozialordnung	*Norbert Blüm* (ab 4.10.1982)	CDU
BM der Verteidigung	*Manfred Wörner* (ab 4.10.1982)	
BM für Jugend, Familie und Gesundheit	*Heiner Geißler* (ab 4.10.1982)	CDU
BM für Verkehr	*Werner Dollinger* (ab 4.10.1982)	CSU
BM für das Post- und Fernmeldewesen	*Christian Schwarz-Schilling* (ab 4.10.1982)	CDU
BM für Raumordnung, Bauwesen und Städtebau	*Oscar Schneider* (ab 4.10.1982)	CSU
BM für innerdeutsche Beziehungen	*Rainer Barzel* (ab 4.10.1982)	CDU
BM für Forschung und Technologie	*Heinz Riesenhuber* (ab 4.10.1982)	CDU
BM für Bildung und Wissenschaft	*Dorothee Wilms* (ab 4.10.1982)	CDU
BM für wirtschaftliche Zusammenarbeit	*Jürgen Warnke* (ab 4.10.1982)	CSU

10. Wahlperiode (1983–87): Kabinett Kohl

Bundeskanzler	*Helmut Kohl*	CDU
Stellvertreter des Bundeskanzlers	*Hans-Dietrich Genscher*	FDP
BM des Auswärtigen	*Hans-Dietrich Genscher*	FDP
BM des Innern	*Friedrich Zimmermann*	CSU
BM der Justiz	*Hans A. Engelhard*	FDP
BM der Finanzen	*Gerhard Stoltenberg*	CDU
BM für Wirtschaft	*Otto Graf Lambsdorff* (bis 27.6.1984)	FDP
	Martin Bangemann (ab 27.6.1984)	FDP

Ressort	Kabinettsmitglied	Partei
BM für Ernährung, Landwirtschaft und Forsten	*Ignaz Kiechle*	CSU
BM für innerdeutsche Beziehungen	*Heinrich Windelen*	CDU
BM für Arbeit und Sozialordnung	*Norbert Blüm*	CDU
BM der Verteidigung	*Manfred Wörner*	CDU
BM für Jugend, Familie und Gesundheit;	*Heiner Geißler* (bis 26.9.1985)	CDU
ab 6.6.1986: BM für Jugend, Familie, Frauen und Gesundheit	*Rita Süssmuth* (ab 26.9.1985)	CDU
BM für Verkehr	*Werner Dollinger*	CSU
BM für Umwelt, Naturschutz und Reaktorsicherheit (ab 6.6.1986)	*Walter Wallmann* (ab 6.6.1986)	CDU
BM für das Post- und Fernmeldewesen	*Christian Schwarz-Schilling*	CDU
BM für Raumordnung, Bauwesen und Städtebau	*Oscar Schneider*	CSU
BM für Forschung und Technologie	*Heinz Riesenhuber*	CDU
BM für Bildung und Wissenschaft	*Dorothee Wilms*	CDU
BM für wirtschaftliche Zusammenarbeit	*Jürgen Warnke*	CSU
BM für besondere Aufgaben	*Wolfgang Schäuble* (ab 15.11.1984)	CDU

Ressort	Kabinettsmitglied	Partei
11. Wahlperiode (1987–90): Kabinett Kohl		
Bundeskanzler	*Helmut Kohl*	CDU
Stellvertreter des Bundeskanzlers	*Hans-Dietrich Genscher*	FDP
BM des Auswärtigen	*Hans-Dietrich Genscher*	FDP
BM des Innern	*Friedrich Zimmermann* (bis 21.4.1989)	CSU
	Wolfgang Schäuble (ab 21.4.1989)	CDU
BM der Justiz	*Hans A. Engelhard*	FDP
BM der Finanzen	*Gerhard Stoltenberg* (bis 21.4.1989)	CDU
	Theodor Waigel (ab 21.4.1989)	CSU
BM für Wirtschaft	*Martin Bangemann* (bis 9.12.1988)	FDP
	Helmut Haussmann (ab 9.12.1988)	FDP
BM für Ernährung, Landwirtschaft und Forsten	*Ignaz Kiechle*	CSU
BM für innerdeutsche Beziehungen	*Dorothee Wilms*	CDU
BM für Arbeit und Sozialordnung	*Norbert Blüm*	CDU
BM der Verteidigung	*Manfred Wörner* (bis 18.5.1988)	CDU
	Rupert Scholz (ab 18.5.1988 bis 21.4.1989)	CDU
	Gerhard Stoltenberg (ab 21.4.1989)	CDU
BM für Jugend, Familie, Frauen und Gesundheit	*Rita Süssmuth* (bis 25.1.1988)	CDU
	Ursula Lehr (ab 9.12.1988)	CDU

Ressort	Kabinettsmitglied	Partei
BM für Verkehr	*Jürgen Warnke* (bis 21.4.1989)	CSU
	Friedrich Zimmermann (ab 21.4.1989)	CSU
BM für Umwelt, Naturschutz und Reaktorsicherheit	*Walter Wallmann* (bis 22.4.1987)	CDU
	Klaus Töpfer (ab 7.5.1987)	CDU
BM für das Post- und Fernmeldewesen; ab 1.7.1989: BM für Post und Telekommunikation	*Christian Schwarz-Schilling*	CDU
BM für Raumordnung, Bauwesen und Städtebau	*Oscar Schneider* (bis 21.4.1989)	CSU
	Gerda Hasselfeldt (ab 21.4.1989)	CSU
BM für Forschung und Technologie	*Heinz Riesenhuber*	CDU
BM für Bildung und Wissenschaft	*Jürgen W. Möllemann*	FDP
BM für wirtschaftliche Zusammenarbeit	*Hans Klein* (bis 21.4.1989)	CSU
	Jürgen Warnke (ab 21.4.1989)	CSU
BM für besondere Aufgaben	*Wolfgang Schäuble* (bis 21.4.1989)	CDU
	Rudolf Seiters (ab 21.4.1989)	CDU
BM für besondere Aufgaben	*Hans Klein* (ab 21.4.1989 bis 20.12.1990)	CSU
BM für besondere Aufgaben	*Sabine Bergmann-Pohl* (ab 3.10.1990)	CDU
BM für besondere Aufgaben	*Günther Krause* (ab 3.10.1990)	CDU
BM für besondere Aufgaben	*Lothar de Maizière* (ab 3.10.1990 bis 19.12.1990)	CDU
BM für besondere Aufgaben	*Rainer Ortleb* (ab 3.10.1990)	FDP
BM für besondere Aufgaben	*Hansjoachim Walther* (ab 3.10.1990)	DSU

Ressort	Kabinettsmitglied	Partei
12. Wahlperiode (1990–1994): Kabinett Kohl		
Bundeskanzler	*Helmut Kohl*	CDU
Stellvertreter des Bundeskanzlers	*Hans-Dietrich Genscher* (bis 18.5.1992)	FDP
	Jürgen Möllemann (ab 18.5.1992 bis 21.1.1993)	FDP
	Klaus Kinkel (ab 21.1.1993)	FDP
BM des Auswärtigen	*Hans-Dietrich Genscher* (bis 18.5.1992)	FDP
	Klaus Kinkel (ab 18.5.1992)	FDP
BM des Innern	*Wolfgang Schäuble* (bis 26.11.1991)	CDU
	Rudolf Seiters (ab 26.11.1991 bis 7.7.1993)	CDU
	Manfred Kanther (ab 7.7.1993)	CDU
BM der Justiz	*Klaus Kinkel* (bis 18.5.1992)	FDP
	Sabine Leutheusser-Schnarrenberger (ab 18.5.1992)	FDP
BM der Finanzen	*Theodor Waigel*	CSU
BM der Wirtschaft	*Jürgen Möllemann* (bis 21.1.1993)	FDP
	Günter Rexrodt (ab 21.1.1993)	FDP
BM für Ernährung, Landwirtschaft und Forsten	*Ignaz Kiechle* (bis 21.1.1993)	CSU
	Jochen Borchert (ab 21.1.1993)	CDU
BM für Arbeit und Sozialordnung	*Norbert Blüm*	CDU
BM für Verteidigung	*Gerhard Stoltenberg* (bis 1.4.1992)	CDU
	Volker Rühe (ab 1.4.1992)	CDU

Ressort	Kabinettsmitglied	Partei
BM für Familie und Senioren	*Hannelore Rönsch*	CDU
BM für Frauen und Jugend	*Angela Merkel*	CDU
BM für Gesundheit	*Gerda Hasselfeldt* (bis 6.5.1992)	CSU
	Horst Seehofer (ab 6.5.1992)	CSU
BM für Verkehr	*Günther Krause* (bis 13.5.1993)	CDU
	Matthias Wissmann (ab 13.5.1993)	CDU
BM für Umwelt, Naturschutz und Reaktorsicherheit	*Klaus Töpfer*	CDU
BM für Post- und Telekommunikation	*Christian Schwarz-Schilling* (bis 17.12.1992)	CDU
	Wolfgang Bötsch (ab 21.1.1993)	CSU
BM für Raumordnung, Bauwesen und Städtebau	*Irmgard Adam-Schwaetzer* (ab 27.9.1991 Namensänderung *Irmgard Schwaetzer*)	FDP
BM für Forschung und Technologie	*Heinz Riesenhuber* (bis 21.1.1993)	CDU
	Matthias Wissmann (ab 21.1.1993 bis 13.5.1993)	CDU
	Paul Krüger (ab 13.5.1993)	CDU
BM für Bildung und Wissenschaft	*Rainer Ortleb* (bis 4. 2. 1994)	FDP
	Karl-Hans Laermann (ab 4. 2. 1994)	FDP
BM für wirtschaftliche Zusammenarbeit (ab 22.1.1993: BM für wirtschaftliche Zusammenarbeit und Entwicklung)	*Carl-Dieter Spranger*	CSU
BM für besondere Aufgaben	*Rudolf Seiters* (bis 26.11.1991)	CDU
	Friedrich Bohl (ab 26.11.1991)	CDU

Ressort	Kabinettsmitglied	Partei
13. Wahlperiode (1994–1998): Kabinett Kohl		
Bundeskanzler	*Helmut Kohl*	CDU
Stellvertreter des Bundeskanzlers	*Klaus Kinkel*	FDP
BM des Auwärtigen	*Klaus Kinkel*	FDP
BM des Innern	*Manfred Kanther*	CDU
BM der Justiz	*Sabine Leutheusser-Schnarrenberger* (bis 17.1.1996)	FDP
	Edzard Schmidt-Jortzig (ab 17.1.1996)	FDP
BM der Finanzen	*Theodor Waigel*	CSU
BM für Wirtschaft	*Günter Rexrodt*	FDP
BM für Ernährung, Landwirtschaft und Forsten	*Jochen Borchert*	CDU
BM für Arbeit und Sozialordnung	*Norbert Blüm*	CDU
BM für Verteidigung	*Volker Rühe*	CDU
BM für Familien, Senioren, Frauen und Jugend	*Claudia Nolte*	CDU
BM für Gesundheit	*Horst Seehofer*	CSU
BM für Verkehr	*Matthias Wissmann*	CDU
BM für Umwelt, Naturschutz und Reaktorsicherheit	*Angela Merkel*	CDU
BM für Post und Telekommunikation	*Wolfgang Bötsch* (bis 31.12.1997)	CSU
BM für Raumordnung, Bauwesen und Städtebau	*Klaus Töpfer* (bis 14.1.1998)	CDU
	Eduard Oswald (ab 14.1.1998)	CSU
BM für Bildung, Wissenschaft, Forschung und Technologie	*Jürgen Rüttgers*	CDU

Ressort	Kabinettsmitglied	Partei
BM für wirtschaftliche Zusammenarbeit und Entwicklung	*Carl-Dieter Spranger*	CSU
BM für besondere Aufgaben	*Friedrich Bohl*	CDU

14. Wahlperiode (1998–...) Kabinett Schröder

Bundeskanzler	*Gerhard Schröder*	SPD
Stellvertreter des Bundeskanzlers	*Joseph Fischer*	GRÜNE
BM des Auswärtigen	*Joseph Fischer*	GRÜNE
BM des Innern	*Otto Schily*	SPD
BM der Justiz	*Herta Däubler-Gmelin*	SPD
BM der Finanzen	*Oskar Lafontaine* (bis 18.3.1999)	SPD
	Hans Eichel (ab 18.3.1999)	
BM für Wirtschaft und Technologie	*Werner Müller*	parteilos
BM für Ernährung, Landwirtschaft und Forsten	*Karl-Heinz Funke* (bis 12.1.2001)	SPD
ab 12.1.2001 BM für Verbraucherschutz, Ernährung und Landwirtschaft	*RenateKünast*	GRÜNE
BM für Arbeit und Sozialordnung	*Walter Riester*	SPD
BM der Verteidigung	*Rudolf Scharping*	SPD
BM für Familie, Senioren, Frauen und Jugend	*Christine Bergmann*	SPD
Bundesminister für Gesundheit	*Andrea Fischer* (bis 12.1.2001)	GRÜNE
	Ulla Schmidt (ab 12.1.2001)	SPD

Ressort	Kabinettsmitglied	Partei
BM für Verkehr, Bau- und Wohnungswesen	*Franz Müntefering* (bis 17.9.1999)	SPD
	Reinhard Klimmt (17.9.1999 bis 20.11.2000)	SPD
	Kurt Bodewig (ab 20.11.2000)	SPD
BM für Umwelt, Naturschutz und Reaktorsicherheit	*Jürgen Trittin*	GRÜNE
BM für Bildung und Forschung	*Edelgard Bulmahn*	SPD
BM für wirtschaftliche Zusammenarbeit und Entwicklung	*Heidemarie Wieczorek-Zeul*	SPD
BM für besondere Aufgaben	*Bodo Hombach* (bis 31.7.1999)	SPD

6.4 Die früheren Reichskanzler und die Leiter von Bundeskanzler-Amt, Reichskanzleramt und Reichskanzlei des Deutschen Reiches von 1871 bis 1918 und der Weimarer Republik

Die Reichskanzler

Reichskanzler des Deutschen Reiches 1871–1918

1871–1890	Otto von Bismarck
1890–1894	Leo von Caprivi
1894–1900	Chlodwig zu Hohenlohe-Schillingsfürst
1900–1909	Bernhard von Bülow
1909–1917	Theobald von Bethmann Hollweg
1917	Georg Michaelis
1917–1918	Georg von Hertling
1918	Max von Baden

Reichskanzler der Weimarer Republik 1919–1933

1919	Phillip Scheidemann
1919–1920	Gustav Bauer
1920	Hermann Müller
1920–1921	Konstantin Fehrenbach
1921–1922	Joseph Wirth
1922–1923	Wilhelm Cuno
1923	Gustav Stresemann
1923–1925	Wilhelm Marx
1925–1926	Hans Luther
1926–1928	Wilhelm Marx
1928–1930	Hermann Müller
1930–1932	Heinrich Brüning
1932	Franz von Papen
1932–1933	Kurt von Schleicher

Die Leiter von Bundeskanzler-Amt, Reichskanzleramt und Reichskanzlei

Deutsches Reich: Reichskanzleramt

1871–1876	Delbrück, Präsident (bereits zuvor 1867–1871 Leiter des Bundeskanzler-Amtes des Norddeutschen Bundes)
1876–1879	Hofmann, Präsident

Deutsches Reich: Reichskanzlei

1878–1881	Tiedemann, Geheimer Oberregierungsrat
1881–1891	Dr. von Rottenburg, Wirkl. Geheimer Oberregierungsrat
1891–1894	Goering, Wirkl. Geheimer Rat
1894–1901	von Wilmowski, Wirkl. Oberregierungsrat und Vortragender Rat
1901–1904	von Conrad, Wirkl. Geheimer Oberregierungsrat
1904–1909	von Loebell, Unterstaatssekretär
1909–1917	Wahnschaffe, Unterstaatssekretär
1917	von Graevenitz, Unterstaatssekretär
1917–1918	von Radowitz, Unterstaatssekretär
1918	Wahnschaffe, Unterstaatssekretär

Weimarer Republik: Reichskanzlei

1918–1919	Baake
1919–1921	Albert, Unterstaatssekretär (ab 1920: Staatssekretär)
1921–1922	Dr. Hemmer, Staatssekretär
1922–1923	Hamm, Staatssekretär
1923	von Rheinbaben, Staatssekretär
1923	Kempkes, Staatssekretär
1923–1924	Bracht, Staatssekretär
1925–1926	Dr. Kempner, Staatssekretär
1926–1932	Dr. Pünder, Staatssekretär
1932–1933	Planck, Staatssekretär

Abkürzungsverzeichnis

AÖR	Archiv für öffentliches Recht
BGBl.	Bundesgesetzblatt
DÖV	Die öffentliche Verwaltung
DVBl.	Deutsches Verwaltungsblatt
GG	Grundgesetz
GGO	Gemeinsame Geschäftsordnung der Bundesministerien
GOBReg.	Geschäftsordnung der Bundesregierung
GMBl.	Gemeinsames Ministerialblatt der Bundesministerien
RGBl.	Reichsgesetzblatt
WRV	Weimarer Reichsverfassung
ZParl	Zeitschrift für Parlamentsfragen

Die gelegentlich verwandten Ressortabkürzungen sind oben in Abschnitt 3.4.2 erläutert.

Literaturverzeichnis

a) Aus dem historischen, kulturellen und zeitgeschichtlichen Bereich

Bachmann, Günter: Das Bundeskanzleramt. In: Schriftenreihe der Hochschule Speyer, Berlin 1967.

Behrendt, Günther: Das Bundeskanzleramt, Frankfurt/M. und Bonn 1967.

Booms, Hans (Hrsg.): Die Kabinettsprotokolle der Bundesregierung, insbes.: Band 1, 1949, Boppard 1982.

Bundeskanzleramt (Hrsg.): Kunst im Kanzleramt, Helmut Schmidt und die Künste, München 1982.

Demps, Laurenz: Berlin – Wilhelmstraße, Berlin 1994.

Dönhoff, Marion: Deutschland, Deine Kanzler, München Neuaufl. 1999.

Gotto, Klaus: Der Staatssekretär Adenauers, Stuttgart 1980.

Kaps, Norbert und *Küffner, Hans:* Das Presse- und Informationsamt der Bundesregierung, Bonn 1969.

Klein, Hans (Hrsg.): Die Bundeskanzler, Berlin 1993.

Knopp, Guido: Kanzler, München 1999.

Meuser, Philipp: Schloßplatz 1 – Vom Staatsratsgebäude zum Bundeskanzleramt, Berlin 1999.

Pünder, Hermann: Das Schaltwerk von Politik und Verwaltung im Reich, in der Bizone und im Bund, DÖV 1963, S. 1.

ders.: Politik in der Reichskanzlei, hrsg. von Thilo Vogelsang. In: Schriftenreihe der Vierteljahreshefte für Zeitgeschichte, 1961, S. 133.

Schindler, Peter: Datenhandbuch zur Geschichte des Deutschen Bundestages. 1949–1999. Bände I–III. Baden-Baden 1999.

Schöne, Siegfried: Von der Reichskanzlei zum Bundeskanzleramt, Berlin 1968.

Schultz, Uwe (Hrsg.): Die Hauptstädte der Deutschen, München 1993.

Sternburg, Wilhelm v. (Hrsg.): Die deutschen Kanzler, Frankfurt 1994.

Wengst, Udo: Staatsaufbau und Regierungspraxis 1948–1953, Düsseldorf 1984.

b) Aus dem rechtlichen und verwaltungswissenschaftlichen Bereich

Achterberg, Norbert: Innere Ordnung der Bundesregierung. In: Handbuch des Staatsrechts, Band II, hrsg. von Josef Isensee und Paul Kirchhof, Heidelberg 1987.

Böckenförde, Ernst Wolfgang: Die Organisationsgewalt im Bereich der Regierung. Berlin 1964.

Bundesministerium der Justiz (Hrsg.): Handbuch der Rechtsförmlichkeit, 2. Aufl. Köln 1999.

Busse, Volker: Der Kernbereich exekutiver Eigenverantwortung im Spannungsfeld der staatlichen Gewalten, DÖV 1989, S. 45.

ders.: Die Kabinettausschüsse der Bundesregierung, DVBl. 1993, S.413.

ders.: Umzugsplanung Berlin/Bonn aus staatsorganisatorischer Sicht. In: Werner Süß (Hrsg.), Hauptstadt Berlin, Band 2, Berlin 1995, S. 93.

ders.: Zur Gesetzgebungsarbeit der Bundesregierung – Politik, Kooperation und Planung heute, Verwaltungsarchiv 1996, S. 445, aktualisiert in: Waldemar Schreckenberger/Detlef Merten (Hrsg.), Grundfragen der Gesetzgebungslehre, Berlin 2000, S. 47.

ders.: Regierungsbildung aus organisatorischer Sicht, DÖV 1999, S. 313.

Derlien, Hans-Ulrich: Zur Logik und Politik des Ressortzuschnitts, Verwaltungsarchiv 1996, S. 548.

Doering-Manteuffel, Anselm: Strukturmerkmale der Kanzlerdemokratie. In: Der Staat, 1991, S. 1.

Eichhorn, Peter und *Hegelau, Hans Joachim:* Zur zukünftigen Struktur von Bundesregierung und Bundesverwaltung. Gutachten für die Friedrich-Ebert-Stiftung, Bonn. September 1993.

Gebauer, Klaus-Eckart: Zur Optimierung von Koordination und Planung in einer Regierungszentrale, Verwaltungsarchiv 1994, S. 485.

Hartwich, Hans-Hermann und *Wewer, Göttrik* (Hrsg.): Regieren in der Bundesrepublik. Bände I bis V mit zahlreichen einschlägigen Einzelbeiträgen. Opladen 1990 bis 1993.

Helms, Ludger: Das Amt des Bundeskanzlers in historisch und international vergleichender Perspektive, ZParl. 1996, S. 697.

Hesse, Joachim Jens und *Ellwein, Thomas:* Das Regierungssystem der Bundesrepublik Deutschland. 7. Aufl. Opladen 1992.

Johnson, Nevil: State and Government in the Federal Republic of Germany. The Executive at Work. 2nd Edition, Pergamon Press, Kronberg/Ts. 1983.

Kaltefleiter, Werner: Die Kanzlerdemokratie des Helmut Kohl, ZParl. 1996, S. 27.

König, Klaus: Vom Umgang mit Komplexität in Organisationen: Das Bundeskanzleramt. In: Der Staat 1989, S. 49.

ders.: Staatskanzleien – Funktionen und Organisation. Opladen 1993.
Lehnguth, Gerold: Die Organisationsgewalt des Bundeskanzlers und das parlamentarische Budgetrecht, DVBl. 1985, S. 1359.
Lehnguth, Gerold und *Vogelgesang, Klaus:* Die Organisationserlasse der Bundeskanzler, AÖR 113 (1988), S. 531.
Manow, Philip: Informatisierung und Parteipolitisierung – Zum Wandel exekutiver Entscheidungsprozesse in der Bundesrepublik, ZParl. 1996, S. 96.
Maurer, Hartmut: Die Richtlinienkompetenz des Bundeskanzlers. In: Festschrift für Werner Thieme zum 70. Geburtstag, 1993, S. 123.
Müller-Rommel, Ferdinand und *Pieper, Gabriele:* Das Bundeskanzleramt als Regierungszentrale. In: Das Parlament, 1991, B 21–22.
Niclauß, Karlheinz: Kanzlerdemokratie, Stuttgart 1988.
Oldiges, Martin: Die Bundesregierung als Kollegium, Hamburg 1981.
Schneider, Hans-Peter und *Zeh, Wolfgang* (Hrsg.): Parlamentsrecht und Parlamentspraxis; dort insbesondere: 7. Teil, Das parlamentarische Regierungssystem (mit verschiedenen Beiträgen), S. 1297. Berlin, New York 1989.
Schreckenberger, Waldemar: Informelle Verfahren der Entscheidungsvorbereitung zwischen der Bundesregierung und den Mehrheitsfraktionen: Koalitionsgespräche und Koalitionsrunden, ZParl. 1994, S. 329.
Schröder, Meinhard: Aufgaben der Bundesregierung; Bildung, Bestand und parlamentarische Verantwortung der Bundesregierung. In: Handbuch des Staatsrechts, Band II, hrsg. von Josef Isensee und Paul Kirchhof, Heidelberg 1987.
Siedentopf, Heinrich (Hrsg.): Regierungspolitik und Koordination, Berlin 1976.

Die vorstehend genannten Schriften bilden nur eine kleine Auswahl, insbesondere aus neuerer Zeit. Auf sie ist zur weiterführenden Lektüre besonders zu verweisen. Weiter ist zu verweisen auf die Kommentare zum Grundgesetz und die Lehrbücher zum deutschen Staatsrecht. Eine umfassende Bibliographie zum Thema gibt **Heinz-Josef Sprengkamp, Regierungszentralen in Deutschland, 2. Auflage 1992** (Speyerer Forschungsberichte Nr. 84 unter Projektleitung von Klaus König).

Stichwortverzeichnis

Abstimmungsverhalten 78
Ablaufplanung 129
Abteilungen im Bundeskanzleramt 117ff.
Aktuelle Stunde 105
Altes Stadthaus in Berlin 35
Amtsdauer von Mitgliedern der Bundesregierung 42f.
Anfragen, parlamentarische 60
Arbeitsebene 117ff.
Auflösung der Bundesregierung 43f.
Ausgabenerhöhungen 59f.

Beauftragte 72f.
Bildung der Bundesregierung 42f.
Bizone 22, 30
Bundesländer 84, 94f., 126
Bundesministergesetz 43
Bundesministerien 65ff.
Bundesnachrichtendienst 52, 129
Bundespräsident und Bundespräsidialamt 58, 75f.
Bundesrat 56ff.
Bundessicherheitsrat 90
Bundestag 56ff.
Bundesverfassungsgericht 23, 62

Deutsches Reich 13
Dienststelle Berlin 35
Direktorialkanzlei 21, 29

Eilbedürftigkeit von Gesetzentwürfen 57
Einheitlichkeit der Haltung der Bundesregierung 47, 55, 79, 86
Einnahmeminderungen 59
Einspruch des Bundesrates 58f.
Entlassung eines Mitglieds der Bundesregierung 43
Ermächtigungsgesetz 20
Ernennung der Bundesminister 43
Europäischer Rat 42
Europafragen 91

Fachkreise, Beteiligung der 85
Federführung 61
Fragewesen, parl. 61f., 105f.
Funktionsfähigkeit der Bundesregierung 42, 49, 55

Gäste bei Kabinettsitzungen 77
Gästehaus Petersberg 34
Gegenzeichnung 58, 65
Gemeinsame Geschäftsordnung der Reichsministerien 19
Geschäftsordnung der Bundesregierung 159ff.
Geschäftsordnung der Reichsregierung 19
Geschäftsverteilungspläne 49
Gesetzentwürfe 56ff.
Gewaltenteilung 40, 82
Grundgesetz 23ff., 155f.

Hauptstadtentscheidung 26, 70ff.
Haushaltsdebatten 104
Haushaltsgesetz 50, 99
Herrenchiemsee, Verfassungskonvent von 23

Impulse, politische 54
Information 53, 123f.
Informationsgewinnung 64
Initiativrecht 83
Interpellationsrecht 105

Jahresbericht 50

Kabinettangelegenheiten 126f.
Kabinettausschüsse 89ff., 169
Kabinettbildungsrecht 41, 49
Kabinettsitzungen 48, 74ff.
Kabinettvorlage 75, 83ff.
Kanzlerbungalow 33
Kanzlerbüro 117, 121
Kanzlermehrheit 40
Kanzlerprinzip 50
Kernbereich exekutiver Eigenverantwortung 82, 106
Koalitionsgespräche 101f., 116
Kolitionsvereinbarungen 99ff.
Kollegialprinzip 52, 74ff.
Kombinationsmodell 71f.
Kommunikation 127f.
Kompromissfindung 55, 79f.
Konsensfindung 55, 84f.
Kontrolle, parlamentarische 103
Koordinierung 55, 89ff., 122, 123
„Krisenstäbe“ 97ff.
Kultur und Medien, Beauftragte für 70

Lagebesprechungen 122
Leitungsbereich 116f., 120f.
Leitstelle Bundeskanzleramt 60f.
Leitungskompetenz 48

Ministerielle Tätigkeit 67
Ministeriumsgebäude in Bonn und Berlin 38f.
Misstrauensvotum 18, 40f.
„Moderner Staat“ 70
Museum König 29

Nachrichtendienste 52, 92, 107, 129f.
Neubau Bundeskanzleramt 36ff.
Norddeutscher Bund 11
Notverordnungsrecht 20

Öffentlichkeitsarbeit 114f., 127f.
Organisationserlasse 45ff.,
Organisationsgewalt 49f.
Organisationsprinzipien 50ff.
Opposition, parlamentarische 103

Palais Schaumburg 30ff.
Palais Radziwill 28
Parlamentarisches Kontrollgremium 130
Parlamentarischer Rat 23
Petitionen 64
Planung 128
Planungsgruppe Stieldorf 32f.
Presse- und Informationsamt der Bundesregierung 76, 114f.
Projektgruppe für Regierungs- und Verwaltungsreform 68f.

Querschnittfunktionen 126f.

Rechtsförmlichkeitsprüfung 86
Reformüberlegungen zur Organisation 68ff.
Regierungsbefragung 105
Regierungserklärungen 47, 104

Reichskanzler 13
Ressortbetreuung 123
Ressortprinzip 18f., 51
Ressortverantwortung 51, 65
Richtlinienkompetenz 40, 45f., 56
Rotation 132f.
Rücktritt 41, 44

Schlangenbader Empfehlungen 25
Sekretariat der Bundesregierung 55
Selbstauflösungsrecht Bundestag 44
„Spiegelreferate" 124
Spitzenverbände, kommunale 85
Spreebogen in Berlin 35ff.
Staatsleitende Aufgaben 98
Staatsminister 42
Staatsratsgebäude, ehemaliges 35f.
Staatssekretär der Bundesregierung 55
Staatssekretäre 42f., 91ff.
Stellung des Bundeskanzlers und der Bundesregierung 40ff.
Stellvertretergesetz 16
Stiftung Wissenschaft und Politik 52

Tagesordnungshoheit 75
Termine, regelmäßige 122
TOP-1-Liste 77, 82f.

Umlaufverfahren 82f.
Unterrichtungsarbeit 53f.
Untersuchungsausschüsse 106f.
Urschrift eines Gesetzes 58

Verbände 85
Verfassungsressorts 63f.
Vermittlungsausschuss 58
Verständigungsversuch, persönlicher 84, 87
Vertrauensfrage 44
Vertraulichkeit 81
Vetorecht 80f.
Vizekanzler 65, 76

Wahl des Bundeskanzlers 43, 99
„Wechselnde Mehrheiten" 101
Weimarer Republik 17ff.
Wirtschaftskonferenzen 96f.

Zentralverwaltung 131ff.
Zitierrecht 105
Zuleitung 57ff., 89
Zusammenarbeit Bundesregierung/Parlament 98ff.
Zusammensetzung der Bundesregierung 42
Zuständigkeiten der Bundesminister 49f.
Zustimmung des Bundesrats 58f.